십계명, 문화를 입다

십계명, 문화를 입다

초판 1쇄 발행 2017년 6월 27일
초판 2쇄 발행 2018년 1월 25일

지은이 안재경
펴낸이 이의현
펴낸곳 SFC출판부
등록 제 114-90-97178
주소 (137-803) 서울특별시 서초구 고무래로 10-8 2층 SFC출판부
Tel (02)596-8493
Fax 0505-300-5437
홈페이지 www.SFCbooks.com
이메일 sfcbooks@sfcbooks.com

기획·편집 편집부
디자인편집 최건호
영업마케팅 조형준

ISBN 979-11-87942-14-6 (03230)
값 10,000원

잘못 만들어진 책은 언제든지 교환해 드립니다.

십계명, 문화를 입다

안재경

SFC

목차

추천의 글 *7*

서문 *11*

십계명 서문 법이 자유임을 선포하라 *15*
제1계명 신들의 공습이 시작되었다 *29*
제2계명 우상은 어디에나 있다 *43*
제3계명 하나님의 이름을 찾아주세요 *57*
제4계명 우리는 결코 쉴 수 없게 되었다 *71*
제5계명 내세울 권위가 없다 *85*
제6계명 죽이기 위한 이유를 찾는다 *99*
제7계명 거룩한 몸의 귀환을 기다리다 *113*
제8계명 도둑 아닌 사람이 없다 *127*
제9계명 법정도 거짓증인들을 양산한다 *141*
제10계명 욕구와 욕망의 구분이 사라졌다 *155*

참고 도서 *168*

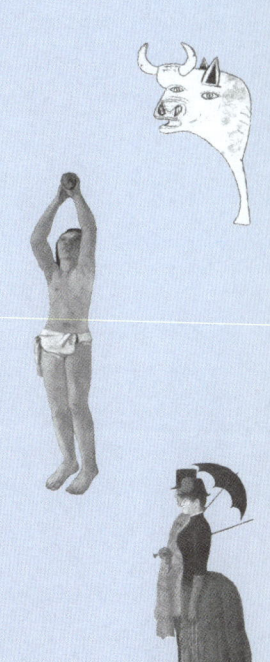

추천의 글

이 책은 십계명을 신학적으로나 윤리적으로 풀어서 강해하는 여느 십계명 해설서와는 달리 인간의 문화에 투영된 십계명과 그에 대한 해설서입니다. 문화란 일종의 종교의 외적 형식이요 종교는 그 문화가 표현한 내용이라고 본다면, 현대인들이 하나님께서 주신 계명에 보이는 반응은 고스란히 문화라는 형식 안에 투영되어 나타난다고 볼 수 있습니다. 이 책은 르네상스 시기 이후 인간이 기독교를 점점 공적인 영역에서 사적인 영역으로 몰아내고, 자신이 세상과 역사의 주인임을 천명하여 온 탈기독교적 내지 반기독교적인 반응을 문학과 미술의 고전 분석을 통해 조근조근하게 설명해줍니다. 고전적 주제인 십계명을 이렇게 창의적으로 다루어 해설하는 책은 흔하지 않기에 이 책은 독특한 가치를 지닙니다. 이교도적 문화가 주도하는 현대 사회에서 어떻게 하나님 사랑과 이웃 사랑, 즉 경건과 윤리를 기독교문화로 표현해내며 살 수 있을지를 고민하는 그리스도인들이라면, 이 책은 정말 놓치기 아까운 수작입니다.

_ **신원하**(고려신학대학원장, 기독교윤리학교수)

이 책은 마치 깊이가 예측이 안 되는 호수 같고, 넓이가 가늠이 안 되는 바다 같습니다. 여백을 다 빼면 불과 100여 페이지 남짓한 이 자그마한 책 속에 성경강해와 신학적 주제, 심리학적 문제와 윤리론적 화두, 서양미술 감상과 대중문화 분석이 고스란히 담겨있습니다.

무엇보다 이 책에서 구약시대의 십계명은 수 천 년이라는 세월의 간극을 뛰어넘어 이 시대의 문화현상과 만나고 있습니다. 저자는 한 계명 한 계명을 통하여 탐욕과 죄성으로 쌓아올린 현대의 우상들을 하나씩 하나씩 지적해가며, 하나님의 백성들이 이런 우상들로부터 온전히 자유하여 삶의 현장 속에서 거룩한 백성을 살아갈 것을 촉구하고 있습니다.

수려하고도 친근한 구어체적 표현, 미술작품과 대중문화에 대한 번득이는 설명, 시대정신에 대한 예리한 영적 통찰, 욕망의 문화에 물들어가는 이 시대 하나님의 백성에 대한 통렬한 지적, 그리고 여전히 십계명이 우리 삶의 영적 수칙이 되어야 한다는 강력한 도전이 씨줄과 날줄로 얽혀있는 대단한 명저요, 작은 거인입니다.

_ **전광식**(고신대학교 총장)

참된 그리스도인들은 세상에 살고 있으나 세상에 속하지 않습니다. 그럼에도 세상의 관행과 문화를 통하여 부지불식간에 엄청난 영향을 받습니다. 따라서 참된 그리스도인으로 살고자 하면 문화 속에 스며든 사고방식과 행동방식에 깨어 있어 자기를 지켜 세속에 물들지 않아야 합니다. 십계명을 다룬 책들은 지금까지 많이 나왔지만 문화를 매개로 십계명을 다룬 책은 아마 이 책이 유일하지 않을까 합니다. 마음으로 추천합니다.

_ **강영안**(미국 칼빈신학대학원 철학신학 교수, 서강대 명예교수)

서문

이 책은 2015년에 「월간고신 생명나무」라는 월간지에 연재했던 글들을 모은 것입니다. 당시 「월간고신 생명나무」는 2015년 한 해 전체를 십계명 특집으로 배정하고는, 계명들 하나하나를 다섯 가지의 관점에서 살피려고 노력했습니다. 즉 원문으로 읽는 십계명, 교리문답으로 읽는 십계명, 청소년을 위한 십계명, 문화로 읽는 십계명, 그리고 삶으로 읽는 십계명이었습니다. 그 중 하나인 '문화로 읽는 십계명'을 필자가 연재했었는데, 그 때의 원고들에 있던 부족한 부분들을 좀 더 다듬어 단행본으로 출간하게 되었습니다.

종교개혁을 일으킨 선배들은 성경 전체를 요약하는 교리문답을 만들면서 '감사'라는 주제를 다루는 부분에서는 항상 십계명과 주기도문에 관한 해설을 다루었습니다. 이는 십계명과 주기도문을 감사의 표현이라고 보았기 때문입니다. 여기서 계명과 기도가 나란히 있는 것이 의미심장합니다. 이에 따르면 우리는 계명을 받고, 받은 그 계명을 가지고 기도하는 것이라 할 수 있습니다. 특히 무엇보다 십계명을 감사로 보았다는 점을 깊이 헤아려야 합니다. 그러나 안타깝게도 오늘날 교회와 그리스도인들에게서 십계명은 거의 잊혀지고 있습니다. 아니, 외면당하고 있습니다.

오늘날 교회와 그리스도인들은 십계명을 케케묵은 옛날 것이라고 생각합니다. '하라, 하지 말라'는 요구 또는 명령들의 모음집이라고 생각합니다. 예배할 때 십계명을 낭독하고 이에 근거해 회

개기도를 하자고 하면 눈살을 찌푸립니다. 교회와 그리스도인들에게 십계명이 이런 대우를 받는데, 하물며 세상에서는 오죽하겠습니까? 그런데 이상하게도 현대 문화는 이 케케묵은 십계명을 늘 새롭게 해석하려고 할 뿐만 아니라, 심지어 계속해서 반역하려고 합니다. 이는 십계명이 과거의 유대인들에게만이 아니라 오늘날의 모든 인류에게도 여전히 유효한 말씀임을 은연중에 드러내고 있는 셈입니다.

현대 문화는 하나님의 사랑의 요구인 십계명을 정면으로 거스르고 있습니다. 현대의 세상 문화는 중립적인 것이 아니라, 이미 하나님을 반역하고 거스르는 자리에 서 있다는 것입니다. 물론 여기에는 기독교의 잘못이 더 큽니다. 과거 기독교는 세상 문화와의 대립을 피하기 위해서 믿음을 사적인 영역으로 국한시켰습니다. 사적인 영역인 우리의 신앙생활만큼은 건드리지 말아 달라는 것이었습니다. 하지만 문화를 비롯해 모든 공적인 영역에서 사적인 영역으로 도피한 것은 기독교의 가장 큰 패착이었습니다. 왜냐하면 이로 인해 모든 공적인 영역은 이제 불신자들의 세상이 되었기 때문입니다. 그리스도인들이 산 속에 들어가 살 수도 없는 노릇인데 말입니다. 결국 그리스도인들은 매일의 일상 속에서 세상 문화의 세례를 받으며 살게 되었습니다. 말씀으로 세례를 받는 것이 아니라 세상 문화로 세례를 받는 것입니다.

사람이 인위적으로 이룬 모든 것을 문화라고 한다면, 사람은 어느 누구도 문화를 피하거나 그 영향에서 자유로울 수 없습니다. 따라서 오늘날 세상 문화로 말미암는 십계명에 관한 왜곡을 제대로 파악하지 못한다면, 그리스도인은 문화로 인해 왜곡된 십계명을 받아들일 수밖에 없고, 그로 인해 결국 믿음까지 흔들리게 될 것입니다.

어떤 이의 말처럼 문화는 종교의 표현입니다. 종교는 문화의 옷을 입고 나타납니다. 종교의 열매가 문화라고 말할 수도 있습니다. 그러므로 기독교는 십계명을 기독교 문화로 표현해낼 수 있어야 합니다. 십계명은 하나님의 모든 요구를 요약한 것이기 때문입니다. 십계명은 구원받은 이들이 아름다운 사회를 이루어 세상을 그 빛과 영광 가운데로 초대하도록 주신 사랑의 요구입니다. 우리는 이러한 십계명을 통해 삶의 모든 영역을 향한 하나님의 뜻을 아름답게 전시하고 시위해야 합니다.

기독교 문화는 우리의 대사회적인 행동 이전에 예배를 통해 이미 표현되고 있습니다. 예배를 통해 우리는 십계명에 문화의 옷을 입히고 있습니다. 세상 사람들은 이러한 우리의 예배에서 거룩한 문화를 엿보게 될 것입니다. 따라서 우리는 예배를 통해 십계명을 구체화하고, 그 말씀들을 기뻐하면서 세상으로 나아가 새로운 문화를 일구어 가야 합니다. 우리 청년들과 자녀들이 십계명에 문화라는 옷을 제대로 입혀서 표현해 내는 날이 오기를 바랍니다. 문화를 통해 오직 하나님께 영광을 돌리기 위해서 말입니다.

다산의 도시 한 모퉁이에서
2017년 6월

안재경

십계명 서문

법이 자유임을 선포하라

"나는 너희를 이집트 땅 종살이하던 집에서 이끌어 낸 주 너희의 하나님이다."

출애굽기 20장 2절(새번역)

"법은 닻을 내리고 있는 배와도 같이 자기가 정박하고 있는 곳으로부터 멀리 떠밀려 나갈 수가 없습니다. 그러나 그 배의 닻줄이 끊어지게 되면 그 배는 이리저리로 떠밀려 다니게 됩니다. 현재 우리나라의 법이 그 모양입니다."

존 W. 화이트헤드의 『표류하는 미국』(두레시대, 1994) 중에서 현대인들은 규율을 끔찍이도 싫어합니다. 당연히 법도 싫어합니다. 규율과 법은 사람의 자유를 얽어매는 것이라고 생각하기 때문입니다. 종교인들도 마찬가지입니다. 옛날에는 외부로부터 주어지는 계율을 지키는 것을 종교인의 덕목이라고 생각했습니다. 이제는 그런 계율이 아니라 내면의 목소리에 귀를 기울이는 것이 영적이라고 생각합니다. 현대인들은 사회가 규정한 법이나 종교가 제시하는 계율은 폐기처분해야 한다고 생각합니다. 무엇을 따르자는 것일까요? 대부분의 비종교인들은 자신의 말초적인 욕망을 따릅니다. 반면 종교인들은 자신의 내면에서 울려나오는 소리에 귀를 기울입니다. 물론 외부에서 울리는 신적인 소리에 귀를 기울이기도 합니다. 자신의 내면의 소리와 외부의 신적인 음성을 구별할 길은 없지만 말입니다. 여하튼 한 마디로 종교인이든 비종교인이든 현대인들은 규율보다는 욕망과 신앙심을 추구합니다. 물론 이와 반대로 어떤 현대인들은 법에 호소하는 경향도 무척 강합니다. 툭하면 법에 호소하고, 법정으로 달려갑니다. 그런데 사실, 법에 호소하는 것과 욕망이나 신앙심을 추구하는 것은 크게 다르지 않습니다. 이런 점에서 현대인은 규율이나 법을 싫어하면서도 동시에 법에 호소하는 인간이라고 말할 수 있습니다.

    그렇다면 법과 자유는 어떤 관계에 있을까요? 법 없는 자유와 자유 없는 법 중에 어떤 것이 더 억압적일까요? 과연 무엇이 우리의 인생을 규정해야 할까요?

폴 고갱, 〈우리는 어디에서 와서 누구며 어디로 가는가?〉
1897년, 캔버스에 유채, 139cm × 374cm
보스턴, 보스턴미술관

고갱, 기억과 상상에 빠져들다

　프랑스 출신이자 후기 인상파 화가인 폴 고갱Paul Gauguin, 1843~1903은 새로운 출로를 모색하고 있었습니다. 우리가 잘 알고 있듯이, 그는 고흐의 초청으로 프로방스 지방에 있는 아를Arles: 프랑스의 로마라 불리는 남동부에 위치한 도시로 갔습니다. 하지만 그는 얼마 지나지 않아 고흐와 결별하고는 원시성으로 충만한 남태평양의 섬 타히티로 갑니다. 당시 사회가 자신을 알아주지 않는 것에 대해 분통을 터뜨리면서 풍요로운 남태평양에 위치한 원시림을 찾아간 것입니다. 그러나 성공을 열망하던 그에게는 그 곳도 낙원일 수가 없었습니다. 이제 그는 갈 곳이 없었습니다. 고갱이 그린 대작 〈우리는 어디에서 와서 누구며 어디로 가는가?〉는 이렇듯 길 잃은 인생과 세상을 철학적으로 그려낸 것이었습니다.

　이 그림의 중앙에는 금단의 열매를 따려는 사람이 있습니다. 그리고 그를 중심으로 오른쪽 아래에는 갓난아기가 누워 있고, 왼쪽 끝에는 노인의 모습이 그려져 있습니다. 이 그림은 화폭의 오른쪽에서부터 중앙을 거쳐 왼쪽으로 이동하면서 그림의 제목처럼 우리가 어디서 왔는지, 지금 우리는 누구인지, 그리고 우리는 어디로 가는지를 잘 보여줍니다. 고갱은 석가모니처럼 인생이 생로병사의 존재라는 것을 보여주는 한편, 배경에 기묘한 자연의 모습과 우상을 배치했는데, 이는 그가 자연종교로 많이 기울었음을 보여줍니다.

　사람은 스스로를 규정하려고 노력하지만, 자신을 규정지을 수 있는 무언가를 찾기란 쉽지 않습니다. 사람이 사람을 규정지을 수 있을까요? 아니면, 신이 사람을 규정지을 수 있을까요? 그것도 아니라면 자연만물이 사람을 규정지을 수 있을까요? 고흐도 마찬가지였지만, 고갱은 인상파 화가들이 빛의 효과에 의존하여 원 감각 자료에 접근하려는 것으로는 사물의 본질을 드러내지 못한다고 불만을 표출했습니다. 빛에 의해 수시로 변하는 모습을 그리는 것은 삶을 파편화시키는 것일 뿐이라고 본 것입니다. 그는 화가가 해석되지 않은 원 감각자료에 접근하려고 할 것이 아니라, 화가 개인의 내면과 경험을 표현할 수 있어야 한다고 주장했습니다. 세계에 대한 우리의 감각을 넘어 우리의 내면을 충실하게 표현해야 한다는 것이었습니다.

흔히 고갱이 시도한 표현방식을 '종합주의'라고 부릅니다. 종합주의란 인상파처럼 우리의 감각에 비친 빛의 효과를 탐구하는 데 그치지 않고 여기에 주관적인 표현방식을 가미하려고 한 것입니다. 다시 말해 화가는 자신이 본 그대로를 그리려는 것이 아니라, 기억에 의존하여 자연만물을 강렬한 원색으로 표현하는 동시에 여기에 상상까지 덧붙여야 한다는 것입니다. 문제는 이런 종합주의가 말대로 종합에 이르기보다 어느 한쪽으로 기울 수밖에 없게 된다는 것입니다. 결국 종합주의는 자연의 재현과 빛의 효과 쪽에서 기억과 상상으로 급격하게 기울게 되었습니다.

고갱은 이후에 일어날 표현주의와 추상파의 선구자가 되었습니다. 인상파는 눈에 보이는 것만 그려야 한다고 생각했지만, 고갱을 비롯한 후기 인상파 화가들로부터 영향을 받은 표현주의는 주관적인 감정에 충실한 그림을 그려야 한다고 생각했습니다. 제1차 세계대전을 겪으면서 화가들은 야수와 같은 인간성을 목도하게 되었고, 그래서 더더욱 인간내면을 표현하는 데 열을 올렸습니다. 하지만 곧 이어 시계추가 진자운동을 하듯이, 주관적인 감정을 충실하게 담아내는 것으로는 이 세상의 진리를 제대로 파악할 수 없다고 비판하면서 순수한 형식을 파악하려는 운동이 일어났습니다. 그것이 바로 추상파였습니다. 예술의 흐름이 주관적인 감정에 충실한 표현주의를 거쳐 객관적인 형식을 지나치게 강조하는 추상파로 넘어간 것입니다.

이렇듯 현대예술과 문화는 내면과 외부, 주관과 객관 사이에서 요동치고 있음을 볼 수 있습니다. 이로 인해 세상과 사람은 갈기갈기 찢겨나갔습니다. 한쪽에서는 주관적인 감정을 표현하는 것이 우선이라고 우기는가 하면, 다른 쪽에서는 객관적인 형식을 표현하는 것이 본질적이라고 우깁니다. 그렇다면 과연 주관적인 표현과 객관적인 법이 만날 수 있을까요?

현대문화, 일체의 규율을 내팽개치다

현대 자본주의 문화는 의외로 획일적입니다. 소위 말하는 미국식 표준을 강요합니다. 그러나 세계적 표준을 강조하는 것은 고유한 지역성을 훼손할 수 있습니다. 다시 말해 객관성을 강조하는 것은 주관성의 여지를 말살해 버릴 수 있습니다. 게다가 이와 같은 보편성과 지역성, 객관성과 주관성의 분열과 대립은 비인간화를 자초할 수 있습니다. 특히 과학기술문명이 발전하면서 사람은 더더욱 비인간화되어 갑니다. 그로 인해 현대는 고대를 동경하는 기묘한 상황에 처하게 되었습니다. 그러나 현대문화가 원시성에 호소하는 것은 르네상스처럼 고대로 복귀하는 것이 목표가 아니라 인생의 허무함과 세상의 무질서를 고취하는 쪽으로 나아갑니다. 어쩌면 인간의 한계와 허무함을 절절하게 표현하는 것이 차라리 인간의 능력이 무한하다고 믿는 것보다 나을지도 모르겠습니다. 그러나 안타깝게도 현대인들은 이 같은 허무함과 무의미함을 퇴폐적으로 탐닉합니다. 사람의 육체성이 동물성과 하나도 다르지 않다고 퍼포먼스를 합니다. 육체와 성과 물질과 명예를 우연과 적자생존의 산물이라고 생각합니다. 이러한 현대문화의 근간에 자리한 것이 진화론입니다. 진화론은 현대사회의 모든 규율을 내팽개쳤습니다.

현대인들이 지나치게 순진한 것인지 모르겠지만, 그들은 고도의 과학기술문명이 이 세상을 낙원으로 만들어 줄 수 있을 것이라고 믿습니다. 그러나 과학기술은 오히려 우리 사회를 암울하게 만들고 피폐하게 만들고 있습니다. 그래서 예민한 예술가들은 현대과학기술이 가져다준다는 낙원의 실상을 까발립니다. 사실, 과학기술이 제공한다는 낙원은 조지 오웰의 소설 『1984년』에 등장하는 빅브라더만 자유로운 사회입니다. 일반 대중들은 그것도 모른 채 그저 자기들이 자유롭다고 생각합니다. 각성했다고 자부하는 현대인들도 규율보다는 상상에, 인위성보다는 원시성에 끌립니다. 아이러니하게 과학기술은 원시사회를 경멸하는데도, 과학기술의 세례를 받은 현대인들은 오히려 원시성에 매료되고 있습니다. J.R.R. 톨킨이 지은 『반지의 제왕』과 같이 원시성에 충만한 작품들에 환호합니다. 현대기술력 역시 원시성을 재현하는 데에 온통 쏟아 붓고 있습니다. 그런데 이 같은 원시성에 대한 호소 역시 한 순간에 퇴행적인 것이 될 수 있습니다. 모든 규율과 질서를 거부하고 파괴하려고 한다면 말입니다. 그나마 다행인 것이 톨킨이 지은 『반지의 제왕』에 나타나는 중간계와 C.S. 루이스가 지은 『나니아 연대기』에 나오는 동물계는 모든 규율에 대한 파기가 아니라, 처음부터 주어진 하나님의 규율과 생명력, 구속을 환기시킨다는 것입니다.

현대문화는 모든 물질문명과 규율사회에 반항하면서 동시에 그 물질문명을 무기력하게 수용하고 소비하도록 부추깁니다. 사실, 이렇듯 현대문화가 갈팡질팡하는 것은 하나님의 창조의 법과 함께 구속의 법까지 외면했기 때문입니다. 중세는 하나님께서 창조하신 통합된 세상과 사람을, 본성과 은총이라는 두 가지 영역으로 나누어 버렸습니다. 근세와 현대는 이것을 또 다시 사실의 영역과 가치의 영역으로 나누었습니다. 이런 분열증을 사람에게 적용하게 되면, 사람의 몸은 한낱 기계나 동물과 다르지 않게 됩니다. 사람의 인격 역시 한낱 심리적, 감정적 기제와 다를 바가 없게 됩니다. 현대문화는 자유와 해방을 부르짖으면서 성적인 억압과 심리적인 강박으로부터 해방된 인간을 외쳐댑니다. 그럼으로써 통합된 인간, 통합의 법을 산산이 해체시켜 버립니다. 주관이 객관노릇을 하고, 반대로 객관은 너무나 주관적이게 됩니다. 현대문화는 분열을 기막히게 잘 묘사하지만, 통합에 있어서만큼은 속수무책입니다. 이런 점에서 현대문화는 그 영역을 무한히 확장하는 동시에 세상과 사람을 무한히 축소시키며 왜곡시키고 있습니다.

교회, 자유하는 법을 증거해야

신약교회가 왜 아직까지 구약시대의 케케묵은 십계명을 붙들고 있는지 모르겠다고 말하는 사람들이 많습니다. 문자주의도 이런 문자주의가 어디에 있냐고 힐난하기까지 합니다. 미국의 근본주의 교회들이 공공기관에 십계명을 내걸어야 한다고 주장하자, 이 얼마나 시대착오적인 발상이냐고 몰아붙였습니다. 이슬람 국가들처럼 신정국가를 만들려고 하는 것이냐고 몰아붙입니다. 그러면 현대인은 과거보다 훨씬 성숙했기 때문에 십계명이라는 유아기적인 증상으로부터 벗어나야 할까요? 십계명은 고대사회를 유지하기 위한 최소한의 규율에 불과했던 것일까요? 그렇지 않습니다. 십계명의 서문에서 밝히고 있듯이, 이 계명은 사회를 유지하기 위한 최소한의 규칙에 불과한 것이 아닙니다. 또한 그것들을 지킴으로써 구원받으라고 주신 계율에 불과한 것도 아닙니다. 그보다 하나님께서는 자기 백성을 고난의 땅이자 죄악의 땅에서 건져주시고 그들에게 선물로 십계명을 주셨습니다. 종교개혁의 선배들은 이 십계명을 '열 가지 언약의 말씀들'이라고 불렀습니다. 그렇습니다. 십계명은 딱딱한 법조문이 아니라 하나님의 언약의 말씀입니다. 하나님과 그 백성들 사이에 결코 끊을 수 없는 언약관계를 인치고 보증하는 말씀들이자, 신자와 교회의 사명을 분명하게 보여주는 말씀들입니다.

모세가 들고 내려온 첫 번째 돌판과 두 번째 돌판에 관해서는 두 가지 주장이 대립하고 있습니다. 우선, 첫 번째 돌판과 두 번째 돌판이 각각 하나님에 대한 계명1~4계명과 사람에 대한 계명5~10계명으로 나뉘어져 있다는 주장입니다. 다음으로, 각각의 돌판마다 십계명이 모두 적혀 있어서 하나는 하나님의 것으로, 다른 하나는 그 백성의 것으로 주어졌다는 주장입니다. 어찌 되었든 십계명의 모든 계명들은 하나로 통일되어 있습니다. 예수님께서는 십계명의 모든 계명들이 하나님을 사랑하고 이웃을 사랑하라는 계명이라고 해석하셨습니다. 하나님 사랑과 이웃 사랑은 구분해야 하지만 분리시켜서는 안 됩니다. 예수님께서는 십계명을 해석하셨을 뿐만 아니라, 십계명이 갈망한 바로 그분이셨습니다. 십계명은 예수님께서 오시기를 소망하고 기다렸습니다. 따라서 신자는 오직 그리스도로 말미암아서만 십계명을 감사의 법으로 삼을 수 있습니다. 성령님의 역사로 말미암아 돌판에 새긴 법이 아니라 마음판에 새긴 법이 될 수 있습니다.

이 세상에는 법이 필요합니다. 소위 말하는 자연법도 결국 하나님의 법입니다. 하나님만이 모든 법의 근원입니다. 하나님의 창조가 모든 법의 기초가 됩니다. 창조된 세상을 유지하시는 하나님의 섭리가 법의 근간이 됩니다. 그런데 법은 곧 질서라고 말할 수 있습니다. 질서 없이 세상은 존속할 수 없습니다. 무질서와 일탈이 견고한 현실에 구멍을 내고 활기를 불어넣을 수 있을지 모르겠지만, 분명한 것은 질서가 없으면 사회생활을 유지하기가 어렵습니다. 법은 사회질서를 위해서도 필요하지만, 사실은 자유를 위해서 더욱 필요합니다.

하나님께서는 타락한 인생 중에서 어떤 이들을 자기 백성으로 택하시고 그들과 더불어 언약을 맺으시고 자신을 섬기도록 하셨습니다. 이것이 자유입니다. 이것이 우리가 잘 아는 출애굽 사건입니다. 이 출애굽이, 이 자유와 구원의 사건이 십계명의 배경입니다. 우리는 자유와 구원이 법의 배경이라는 것을 잊지 말아야 합니다. 노예로부터 구출받고, 죄로부터 구원받은 이들에게 주신 것이 법입니다. 따라서 법은 죄수들을 옥죄는 다양한 규제가 아니라 자유인들의 삶을 인도하는 안내표지입니다. 교회는 십계명을 비롯해 성경이 말하는 지시사항과 규정들이 자유케 하는 법이라는 것을 증거해야 합니다.

사람들은 "십계명은 너무 단순하지 않습니까? 그 계명들이 우리사회의 복잡다단한 문제들에 대해 뚜렷한 처방을 내려줄 수 있을까요?"라고 질문합니다. 그런가 하면 어떤 사람들은 이와 정반대로, "십계명은 너무나 버겁지 않습니까?" "신자인 우리조차도 그런 법을 주신 하나님께 반항하고 불평하지 않습니까?"라고 질문합니다. 그런데 놀랍게도 십계명은 우리의 삶이 통합적이라는 것을 잘 보여줍니다. 십계명을 잘 살펴보면, 긴밀하게 내적으로 연관성을 가지고 있음을 알 수 있습니다. 하나님과 사람과의 관계는 물론, 인간 삶의 다양한 측면을 다룹니다. 성경의 처음 이야기가 마지막에 다시 반복되면서 그것을 되울리듯이, 하나님만을 섬기라는 첫 번째 계명과 탐내지 말라는 마지막 계명이 연결되어 있습니다. 이는 우리가 탐내는 것은 무엇이든지 하나님을 대신하는 우상이 된다는 것을 의미합니다. 우리의 물질적인 삶뿐만 아니라 영성을 추구하는 삶조차도 우상숭배가 되기 쉽습니다. 이런 점에서 교회도 우상숭배로부터 멀지 않다는 것을 알 수 있습니다. 교회가 우상숭배를 극복하고 십계명을 언약의 말씀들로 받아 누릴 때 비로소 이 땅에 '자유하는 법'을 선보일 수 있습니다. 교회는 자유케 하는 법을 선보이므로 이 세상을 복된 통합과 완전한 진리에로 초대해야 합니다.

좀 더 생각해볼 문제

1. 고갱이 이르려고 한 종합주의를 자연과 자유의 종합이라고 말할 수 있습니다. 예술은 자연 속에 심겨진 법을 발견하여 표현하는 것이 좋을까요? 아니면, 사람의 자유와 주관적인 감정을 충실하게 표현하는 것이 좋을까요?

2. 현대사회의 문화가 일체의 규율을 타파하려고 애쓰는 모습과 다른 한편으로 현대인들이 매사에 법에 호소하는 것을 생각해봅시다. 규율을 타파하려는 것과 뭐든지 법에 호소하려는 것이 어떻게 조화될 수 있을까요?

3. 십계명은 자유케 하는 법이라는 것을 알아야 합니다. 믿지 않는 이들이 볼 때에 신자들은 몇몇 규율들만 지키는 것으로 만족하는 사람들로 비치지 않습니까? 교회가 자유하는 법을 증거할 수 있는 방법은 무엇일까요?

제1계명

신들의 공습이
시작되었다

"너희는 내 앞에서 다른 신들을 섬기지 못한다."
출애굽기 20장 3절(새번역)

"그들은 하나님을 자기 자신들의 기대에 맞게, 자신들의 욕구를 충족시키기 위해 다시 만들었다. 그들은 하나님을 훨씬 다루기 쉬운 신으로 변형시켰다. 구원의 하나님을 하찮은 신으로 대체시켰다."
도날드 W. 맥컬로우의 『하찮아진 하나님?』(대한기독교서회, 1996) 중에서 세상만사를 신들의 조화라고 믿어야 할까요? 아니면 오직 물질만이 지배한다고 믿어야 할까요? 소위 말하는 유신론일까요, 아니면 유물론일까요? 옛날에는 만사를 신들의 조화라고 믿었습니다. 천둥이 쳐도, 비가 내려도 다 신들의 조화라고 생각했습니다. 눈앞에 펼쳐져 있는 모든 자연만물을 신들이 조종하고 있다고 믿었습니다. 그러나 오늘날에는 과학기술이 발전하면서 이 모든 미신이 발가벗겨졌습니다. 자연만물의 움직임에 더 이상 신들의 조화 같은 것은 없습니다. 천둥 번개는 물리적인 현상에 불과할 뿐입니다. 오직 물질만이 존재합니다. 이 세상은 그 어떤 조화도, 신비도 없는 물질덩어리에 불과합니다. 산타클로스가 사슴이 끄는 썰매를 타고 전 세계를 돌아다니며 어린아이들에게 선물을 나누어 준다는 생각은 동심의 세계에서나 가능합니다. 성인이 된 현대인들에게는 동화와 같은 그런 세계가 더 이상 필요하지 않습니다. 아이러니한 일이지만 공산주의는 무너졌으나 유물론은 승리했습니다.

그런데 이게 과연 바람직한 것일까요? 신들이 지배하는 세상이 아니라 물질이 지배하는 세상 말입니다.

미켈란젤로, 창조주 하나님을 묘사하다

미켈란젤로Michelangelo di Lodovico Buonarroti Simoni, 1475~1564는 르네상스가 낳은 불세출의 조각가입니다. 그는 피렌체의 실세인 로렌초 데 메디치Lorenzo de Medici, 1449~1492, 이탈리아의 정치가, 시인의 적극적인 후원을 받아 조각에 전념하던 중 교황 율리우스 2세의 눈에 들어 시스틴 예배당의 천장화 제작에 투입됩니다. 그 천장화 중

미켈란젤로, <아담의 창조>
1510년, 프레스코화, 280cm × 570cm
바티칸 시티, 시스틴 성당 천장화

에 하나가 바로 그 유명한 <아담의 창조>입니다. 어둠이 깊을수록 새벽이 가깝다는 말이 있지 않습니까? 중세의 어둠이 가장 깊고 깊었던 때에 미켈란젤로는 천지만물을 창조하신 하나님을 과감하게 그려냅니다. 그는 하나님께서 6일 동안 천지만물을 창조하시는 장면 전체를 그리고자 했습니다. 특히 그는 하나님을 흰 머리카락과 희고 긴 수염을 휘날리는 노인네의 모습으로 그렸습니다. 그 하나님은 강력한 힘으로 온 우주만물을 창조하십니다. 이러한 하나님의 창조적인 능력에 미켈란젤로조차 압도되었습니다.

미켈란젤로가 하나님을 사람의 모습으로 형상화하려고 했음에도 불구하고, 로마교황청은 그를 파문하지 않았습니다. 타락을 향해 치닫고 있던 로마교회도 미켈란젤로가 형상화한 하나님의 모습에 압도당하지 않을 수 없었기 때문입니다. 미켈란젤로가 고대의 신화에 매료되었던 것이 사실이지만, 그렇다고 그가 하나님을 영웅적인 인물로 그린 것은 아닙니다. 그는 귀까지 가려지는 모자를 쓴 모습이나 다양한 포즈를 취한 하나님의 모습을 그림으로써 하나님의 자유를 손상시키지 않으면서 하나님의 초월성을 고스란히 담아내려고 애썼습니다.

미켈란젤로는 하나님께서 아담을 창조하시는 장면을 역동적으로 표현했습니다. 하나님의 천지창조 장면 전체가 다 그렇지만, 특히 아담의 창조 장면에서는 하나님의 두 팔이 강조되어 있습니다. 미켈란젤로는 하나님께서 친히 그 입으로 사람에게 생기를 불어 넣어 살아있는 영이 되게 하셨다는 성경의 말씀을 손가락의 잇닿음이라는 창조적인 상징을 통해서 해석했습니다. 이는 하나님께서

강한 손과 편 팔로 자기 백성을 애굽의 손아귀에서 건져내셨다는 말씀을 연상시킵니다. 즉, 창조와 구원은 하나님의 동일한 작품이자 손길이라는 것입니다.

하나님께서는 아담을 향해 팔을 펴시면서 검지 손가락을 힘 있게 내미셨습니다. 아담 역시 팔을 펴서 검지 손가락을 내밉니다. 하지만 그 손가락은 힘없이 늘어져 있습니다. 이렇듯 미켈란젤로는 하나님의 생명이 전달되는 장면을 손가락이 닿을락 말락한 모습으로 그렸습니다. 이는 하나님의 기운이 아담에게 고스란히 전달되는 모습을 상징한다고 하겠습니다. 이 장면이 얼마나 창조적이었든지 이와 관련한 패러디가 수없이 만들어지기도 했습니다. 그 중에서 대표적인 것이 하나님의 자리에 E.T.를 대체한 것입니다.

나중에 유대인이자 철학자였던 스피노자Spinoza, 1632~1677는 '범재신론'汎在神論을 전개하다가 암스테르담의 유대인 사회로부터 파문을 당했습니다. 스피노자의 하나님은 자연만물 안에 내재해 버리셨기에 하나님과 자연만물 사이의 구분이 없어져 버렸습니다. 스피노자의 하나님은 초월성을 스스로 포기해 버린 하나님입니다. 인격적인 하나님이 아니었습니다. 그의 하나님은 만물 속에 녹아 들어가 모든 실재의 총체가 되었습니다. 그럼으로써 더 이상 하나님과 만물의 구분이 불가능해졌습니다. 하나님의 초월성이 한 순간에 내재성으로 돌변한 것입니다. 만물 안에 신의 일부가 흘러 들어간다면, 자연만물이 곧 신이 됩니다. 하나님과 자연만물의 구분이 없으면 모든 것이 신이 되어 버립니다. 인간이 자연 앞에 경외심을 가져야 하는 이유도 여기에 있습니다.

우리는 하나님께서 자연만물 안에 들어가 계시는 것이 아니라 자연만물을 창조하셨다고 믿습니다. 인간은 자연 앞에서 한없이 무력한 존재가 아닙니다. 하나님께서는 자연만물을 지으시고 인간에게 그것들을 경작하며 다스리라고 말씀하셨기 때문입니다. 따라서 우리는 자연을 마냥 두려워할 필요도 없고, 그렇다고 자연을 마냥 신비하게만 바라볼 필요도 없습니다.

사람이 자연만물 속에서 하나님을 더듬어 찾을 수 있을까요? 하나님께서 창조하신 만물 속에 하나님의 능력과 영광과 위엄이 나타나 있다는 말씀이 있습니다롬 1:20. 자연만물이 하나님을 보여주는 첫 번째 책이라는 말입니다. 하지만 그것은 장님 코끼리 만지기일 뿐입니다. 우리는 자연만물만으로는 하나님을 바르게 알 수도 없고 바르게 예배할 수도 없습니다. 물론 자연만물이 하나님을 어느 정도 보여줄 수는 있습니다. 하지만 그것이 하나님을 올바르게 섬기는 데까지 이끌어 주지는 못합니다. 하나님을 바르게 알고 예배하기 위해서는 두 번째 책이 필요합니다. 그것은 다름 아닌 성경입니다.

우리는 오직 성경을 통해서만 하나님 외에 다른 신들이 없음을 알 수 있습니다. 또한 성경을 통해서만 하나님께서 만드신 세상을 바르게 파악하고 누리면서 하나님을 예배할 수 있습니다. 종교개혁을 받아들인 네덜란드의 풍경화가들과 르네상스를 꽃피웠던 이탈리아의 풍경화가들이 그린 작품들은 서로 너무나 다릅니다. 똑같이 자연을 그렸음에도 불구하고 르네상스의 화가들은 그들의 풍경화나 역사화 속에 이상화된 고대의 헬라와 로마의 도시들을 등장시킵니다. 이에 반해 네덜란드의 화가들은 자연을 결코 과장하지도 축소하지도 않은 채 하나님께서 창조하신 모습 그대로를 표현하려고 노력했습니다. 여기서 우리는 종교개혁이 자연만물을 있는 그대로 보게 해 주는 데 기여했음을 알 수 있습니다.

현대사회, 영웅과 신들이 귀환하다

현대사회는 신이 없는 사회, 아니 신을 죽인 사회입니다. 한 마디로 무신론의 사회입니다. 무신론에도 여러 가지가 있습니다. 진화론을 주장하면서 신의 존재를 대놓고 부정하는 '과학적 무신론'이 있는가 하면, 종교를 하나의 환상이라고 보는 프로이드와 같은 '심리학적 무신론'이 있습니다. 마르크스의 유물론에 근거한 '사회학적 무신론'도 있고, 신은 죽었다고 외친 니체와 같은 '도덕적 무신론'도 있습니다. 실존주의와 현상학 등에 근거한 '인간학적 무신론'도 있습니다. 이렇듯 유신론도 다양하지만 그에 못지않게 무신론도 다양합니다.

현대사회가 하나님의 존재를 제거했다고 해서 그 자리가 비어 있는 것이 아닙니다. 오히려 수많은 다른 영웅들이 그 빈자리를 차지하기 위해서 불려나옵니다. 할리우드 영화들이 이것을 잘 표현하고 있습니다. 그들은 수없이 많은 영웅들을 만들어 내고 있습니다. 배트맨, 스파이더맨, 아이언맨, 심지어 문학작품에 등장하던 헐크와 급기야는 가장 현실적이면서도 비현실적인 아메리칸 캡틴까지 말입니다. 심지어 실제 역사를 영화화하면서도 그 주인공을 거의 신적인 인물로 만들어 버립니다. 얼마 전 한국에서 방영되어 크게 인기를 끌었던 <별에서 온 그대>나 <도깨비> 같은 드라마의 주인공들 역시 마찬가지입니다. 이제 우리는 영웅 없이는 살 수 없는 지경에 이르렀습니다. 하나님이 계시지 않으면 인간이 신의 자리에 서서 신처럼 되어야 하는 피곤한 시대가 된 것입니다.

비단 영웅만이 아닙니다. 영웅들의 이야기만으로는 하나님의 빈자리를 채우지 못합니다. 이제는 영웅들을 넘어 신들을 귀환시키기 시작했습니다. 아이러니하게도 유일신 하나님을 죽인 사회에 수많은 신들이 공습해오고 있는 것입니다. 물질만능시대에 사라져 없어질 것 같았던 무수한 종교들이 되살아나고, 신들마저 속속 귀환하고 있습니다. 신화를 영화화하는 것이 하나의 트렌드가 되었습니다. 그리스-로마 신화의 신들은 물론이거니와 다양한 민족들의 신들까지 등장합니다. 가면 갈수록 이러한 신들의 공습은 더욱 강력해질 것입니다. 온갖 영웅들과 신들이 한 영화 속에 등장하는 <어벤저스 시리즈>가 대표적입니다. 사람들은 신들의 조화를 믿지 않고서는 이 세상이 심심해서 견딜 수 없는가 봅니다.

과학기술을 숭상하는 현대인들은 의외로 너무나 쉽게 마법에 걸립니다. 조앤 롤링 여사의 『해리 포터』 시리즈가 전무후무한 흥행을 한 것이 이런 분위기를 잘 보여줍니다. 영국의 유명한 변증가였던 C. S. 루이스의 『나니아 연대기』를 매일 저녁마다 자기 자녀에게 읽어주었다는 조앤 롤링 여사는 전 세계를 향해 마법을 걸었습니다. 전 세계는 그녀가 건 매력적인 마법에 빠져 들었습니다. 물론 마법을 너무 부정적으로 볼 필요는 없습니다. 왜냐하면 하나님께서 예수 그리스도를 통해 이 세상을 구속하신 스토리야말로 가장 위대한 마법이요, 주문이었으니까요. 하지만 현대인들은 하나님의 이 거룩한 서사의 마법과 주문을 무시한 채 자질구레한 마법에 빠지고, 주문에 걸려버립니다.

"나 외에 다른 신들을 네게 두지 말라."는 계명을 오해하는 사람들이 많습니다. 그들은 이 계명에 근거해 어린 아이들에게서 동화의 세계, 신들의 세계를 너무 일찍 빼앗아 버리곤 합니다. 믿는 아이들이 왜 동물이나 나무들이 말하는 그런 동화를 읽어야 하느냐고, 또는 〈반지의 제왕〉과 같은 그런 터무니없는 영상에 빠져드느냐고 불쾌해하면서 말입니다. 참으로 아이러니한 것이 동화의 세계에서 냉혹한 현실로 너무 일찍 내몰린 아이들은 나중에 자라서 거꾸로 현실에서 도피하여 동화의 세계로 돌아가려는 유혹을 느끼게 됩니다.

위에서 언급했던 루이스의 『나니아 연대기』는 마법적인 이야기, 동물이 말하고 다스리는 이야기를 통해 하나님의 거대한 구속 서사를 풀어낸 뛰어난 작품입니다. 동물이 사람처럼 되는 세계, 정령들이 지배하는 세계를 통해 그리스도의 구속사역이 온 우주만물에 미친다는 것을 보여준 것입니다. 이렇듯 그리스도의 서사는 우주적입니다. 우리는 영화 <스타워즈>같은 것들을 말도 안 되는 이야기라고 치부하고 무시할 것이 아니라, 그런 문화상징들의 틀 안에 그리스도의 서사를 담을 수 있는 지혜를 모색해야 합니다.

교회, 삼위일체적 문화를 가꾸어야

"너는 나 외에는 다른 신들을 네게 두지 말라."는 계명은 얼핏

듣기에 심각한 문제를 안고 있는 것처럼 보입니다. 이 계명에는 하나님께서 다른 신들의 존재를 인정하시는 것 같은 뉘앙스가 담겨 있기 때문입니다. 하지만 그렇지 않습니다. 당시의 다신론 사회 속에서 이 계명이 주어졌기 때문에 그렇게 표현된 것일 뿐입니다. 오히려 이 계명은 하나님 외에는 다른 어떤 신도 없다는 것을 강력하게 선언합니다. 비록 수많은 신들이 있어서 서로의 역할을 정하고 힘의 균형을 유지하는 것이 합리적으로 보일지 몰라도 한 분 하나님을 나눌 수는 없습니다.

문제는 유일한 하나님을 믿는 종교가 하나가 아니라 다수라는 사실입니다. 기독교만이 유일신을 믿는 것이 아닙니다. 유대교나 이슬람교 역시 유일신을 믿습니다. 이 셋은 마치 한 배에서 난 쌍둥이처럼 보입니다. 한 하나님을 놓고서 서로 자기 하나님이라고 다투며 싸웁니다. 이 세 종교가 믿는 하나님은 정말 같은 하나님일까요, 아니면 다른 하나님일까요? 형제끼리 다투다보니 부모마저 미워하게 되듯이, 이들은 이제 서로의 하나님조차 미워하며 헐뜯고 있는 형국입니다. 이는 비단 어제 오늘의 일이 아닙니다. 일신론을 믿는 종교들로 인해 역사는 적대와 증오로 점철되어 왔습니다. 세상은 이런 유일신 종교들의 다툼 때문에 진저리를 치고 있습니다.

십계명의 제1계명이 말하는 하나님은 막연한 유일신이 아니라 우리 주 예수 그리스도의 아버지이신 하나님입니다. 성령님으로 인해 우리가 알고 믿게 된 하나님입니다. 우리는 결코 단일한 유일신을 믿는 것이 아닙니다. 우리가 믿는 하나님은 삼위일체 하나님입니다. 그분 안에 하나의 거룩한 교제와 사회가 형성되어 있습니다. 이 삼위의 관계는 계급화되지 않고 서로를 위해 모든 것을 온전히 내어주는 관계입니다. 삼위일체가 가장 복된 사회의 모델인 셈입니다. 사람들은 종종 유일신 종교가 지닌 폭력성을 주장하곤 합니다. 그럴 수밖에 없는 것이 유일신 종교는 자신들의 신 외에 다른 어떤 신이나 경쟁세력도 인정하지 않기 때문입니다. 그러나 삼위일체 하나님을 믿으면 이 같은 단일신론의 폐쇄성과 무자비함을 극복할 수 있습니다. 교회 역시 삼위일체를 닮아 서로를 위해 모든 것을 내어줄 때, 세상은 참된 복과 위로를 얻을 수 있을 것입니다.

현대사회는 무신론의 공습뿐만 아니라 신들의 공습 역시 거셉니다. 현대 자본주의 사회는 하늘에서 돈다발이 떨어지기를 기대하는 사회입니다. 동시에 무수한 신들이 낙하하기를 기대하는 사회입니다. 하나님이라는 무궁무진한 자원을 상실한 만큼 현대사회는 그에 맞는 새로운 대체 자원을 찾기에 여념이 없습니다. 자신이 가진 자원의 한계를 극복하기 위해 영웅의 도래를 기다리고, 신들마저 호출해낼 수밖에 없습니다. 이렇듯 무신론과 다신론 사이에서 롤러코스트를 타는 현대사회에서 기독교는 삼위일체 하나님을 믿는 신앙을 견지해야 합니다. 삼위일체 신앙은 다른 유일신 종교들과 구별되는 것으로, 단일신론 신앙이 가지고 있는 폐쇄성과 배타성, 비실재인 온갖 마법과 미신을 극복할 수 있는 유일한 길이기 때문입니다. 하나님께서 그러하시면 교회도 그러해야 합니다. 교회 안에서, 그리고 기독교인들이 삼위일체적으로 사는 것이 세상에 참된 복을 선사하는 길입니다. 삼위일체 문화야말로 자기중심적인 세상 문화를 극복할 수 있는 유일한 대안입니다. 교회는 이같은 삼위일체적 문화를 가꾸어 세상의 복이 되도록 부름받았습니다.

좀 더 생각해볼 문제

1. 미켈란젤로가 그린 하나님은 아무리 좋게 포장하더라도 결국 하나님에 대한 모독이라는 주장에 대해 말해 봅시다. 하나님에 대한 묘사는 어떤 형태로든 결국 하나님을 왜곡할 수밖에 없다면, 우리는 하나님을 어떻게 표현할 수 있을까요?

2. 요즘 드라마나 영화가 어느 정도로 영웅과 신들을 찾아 헤매고 있는지 확인해 봅시다. 이것은 사람의 능력이 한계에 달했다는 것을 겸손하게 표현하는 것일까요, 아니면 인간의 또 다른 가능성을 찾아보려는 몸부림일까요?

3. 기독교가 믿는 하나님이 단일신이 아니라 삼위일체 하나님이라는 것이 우리의 신앙생활과 사회생활을 어떻게 규정할까요? 교회가 꽃피워야 할 문화가 단일성의 문화가 아니라 삼위일체의 문화라면, 그 구체적인 예를 들어 봅시다.

제2계명

우상은
어디에나 있다

"너희는 너희가 섬기려고 위로 하늘에 있는 것이나, 아래로 땅에 있는 것이나, 땅 아래 물 속에 있는 어떤 것이든지, 그 모양을 본떠서 우상을 만들지 못한다. 너희는 그것들에게 절하거나, 그것들을 섬기지 못한다."
출애굽기 20장 4절(새번역)

"만약 브랜드가 새로운 종교가 되었다면 그 반대도 사실인가? 종교는 브랜드의 영역으로 축소되었는가? 증거에 따르면 그렇다."
스카이 제서니의 『하나님을 팝니다?』(죠이선교회, 2011) 중에서 우리는 형상과 이미지가 지배하는 사회를 살고 있습니다. 눈이 핑 핑 돌아갈 지경입니다. 너무나 현란합니다. 세상 사람들이야 눈요 깃감을 찾고 있기에 아무런 문제가 되지 않을 것입니다. 눈요깃감이 많으면 많을수록 좋을 테니까요. 간혹 시선을 어디에 두어야 할지 알 수 없는 난감한 상황을 만나기도 합니다. 자신도 모르게 눈길이 끌리는 것을 어떻게 하겠습니까? 눈을 감고 살아갈 수도 없는 일이고……. 대체 어떻게 해야 할까요? 예수님 당시 바리새인들 중에는 '멍든 상처형' 혹은 '유혈형'의 사람들이 있었습니다. 여자를 보지 않으려고 눈을 감고 가다가 벽이나 기둥에 부딪혀 멍이 들거나 피를 흘렸기에 붙여진 명칭이었습니다. 참 웃기면서도 순진하다는 생각을 하지 않을 수 없습니다. 그게 눈을 감고 다닌다고 해서 해결될 일이 아니지 않습니까? 마음에 이미 형상과 이미지가 각인되어 있는데 말입니다.

우리 시대는 수많은 형상과 이미지에 포획되어 있습니다. 과연 우리가 그러한 형상과 이미지 없이 살 수 있을까요?

로댕, 근대의 형상을 구현하다

프랑스의 조각가 오귀스트 로댕Auguste Rodin, 1840~1917은 1884년에 영웅적인 인물을 제작해 달라는 의뢰를 받았습니다. 14세기에 프랑스와 잉글랜드 사이에 벌어졌던 백년전쟁에서 칼레Calais, 도버해협에서 가장 가까웠던 도시를 구하기 위해 잉글랜드 군에게 자진하여 포로가 되었던 시민들이 그 모델이었습니다. 당시 잉글랜드의 왕이었던 에드워드 3세는 1년 동안 끈질기게 항쟁했던 칼레의 시민

오귀스트 로댕, <칼레의 시민>
1884~1895년, 브론즈, 2.331m×2.45m×2.03m
파리, 로댕박물관 정원

들을 한 사람도 남김없이 모두 죽이고자 했습니다. 하지만 곧 그것이 너무나 잔인하고 무모한 것이었기에 그 계획을 취소하기로 했습니다. 대신 자신의 위엄을 드러내고자 여섯 명의 시민들을 뽑아오도록 명령했습니다. 그러자 칼레의 부유한 상인, 고위관료, 상류층 등에서 여섯 명이 자원하여 목에 밧줄을 매고 자루옷을 입고 나아왔습니다. 칼레시는 바로 이 영웅들을 조각해 달라고 로댕에게 부탁했던 것입니다.

처음에 칼레의 시위원회에서는 한 명의 영웅상만 제작하려고 생각했지만, 로댕은 그와 달리 군상을 제작함으로써 긴장으로 넘쳐났던 당시의 장면을 연출하고자 했습니다. 그는 죽음을 의연하게 맞이하는 영웅의 과장된 모습보다는 죽음을 눈앞에 둔 군상들의 깊은 고뇌와 갈등을 극적으로 표현해내고 싶었습니다. 이에 위원회는 불만을 표시했습니다. 그러나 로댕은 자신의 생각을 밀어붙였고, 1895년에 이 작품을 공개했습니다.

로댕이 그렇게 흠모해 마지않았던 양식이 있었는데, 그것은 중세의 고딕 양식이었습니다. 고딕 양식은 과거 로마네스크 양식을 대체하면서 중세의 꽃이 되었습니다. 중세의 모든 기술과 신앙의 결정체였던 고딕 양식은 성채와 같은 로마네스크 성당의 육중함을 고르게 분산시키는 방법을 개발했습니다. 성당의 벽체를 얇게 하고 창문을 키우고 내부공간에 상승하는 기운을 불어 넣었습니다. 성당 내부는 스테인드글라스를 통해 쏟아져 들어오는 온갖 빛으로 가득하여 천상을 경험할 수 있게 했습니다. 천구天球를 연상시키는 돔을 가진 비잔틴양식이 아니라도 얼마든지 하늘을 경험할 수 있게 되었습니다. 한 마디로 고딕양식의 건물은 그 자체로 보이지 않는 하나님을 경험할 수 있는 형상과도 같은 것이었습니다.

로댕은 고대사회와 고딕 양식에 매료되었음에도 불구하고 고대사회와 고딕 양식의 도식에 근본적인 전환을 이루어 내었습니다. 그는 르네상스 시기에 그 유명했던 미켈란젤로와 함께 막을 내린 조각을 새롭게 부각시켰습니다. 건축물의 장식에 불과했던 조각은 로댕과 함께 근대예술의 한 분야로 확고하게 자리 잡았습니다. 로댕은 신화적 인물의 장엄함을 근대적 인물의 운동성으로, 고딕 양식의 눈부심을 근대적 양식의 통일성으로 바꾸었습니다. 그는 최초로, 아니 최종적으로 근대의 형상을 구현했습니다. 평면적인 회화를 통해서가 아니라 입체적인 조각을 통해서 말입니다. 그는 노예들의 형식적인 자유가 아니라 근대 시민이 누리는 영혼의 운동과 자유를 형상화했습니다. 그는 돌과 청동에 마법을 불어넣었습니다. 그는 자연으로부터 자유를 이끌어 내었습니다. 그는 당시 인간이 자유를 향해 거대한 운동을 시작한 것을 제대로 포착해 표현해 내었습니다. 그런데 그 자유는 참으로 위태위태한 것이었습니다. 스스로를 얼마든지 우상으로 만들 수 있는 자유였기 때문입니다.

서구의 근대는 조각을 비롯해 모든 영역에서 정신으로부터 물질을 서서히 독립시켰습니다. 그 출발은 프랑스의 철학자 데카르트가 "나는 생각한다, 고로 나는 존재한다." *Cogito, ergo sum*라고 선언한 것에서부터였습니다. 물론 데카르트는 물질에서 정신을 보호하고자 이렇게 선언했습니다. 그러나 상황은 그가 의도한 것과는 정반대의 방향으로 흘러갔습니다. 이후로는 물질이 또는 형상이 정신을 지배하기 시작했습니다. 정신은 이제 아무런 형상이 없는 허깨비와 유령에 불과하게 되었습니다. 영혼을 내쫓은 몸, 정신을 몰아낸 물질은 서서히 기계가 되어갔습니다. 현대 기계문명이 사람을 기계의 한 부속품으로 만들어가고 있는 것은 우연이 아닙니다. 영혼이 없는 몸, 정신이 없는 물질은 우리를 자유하게 하는 하나님의 형상이 아니라 스스로를 옥죄는 우상과 괴물이 될 수밖에 없습니다.

현대사회, 우상이미지이 지배하다

제1계명에서 하나님께서는 "너는 나 외에는 다른 신들을 네게 두지 말라."고 하셨습니다. 그러면 하나님 외에 다른 신을 어떻게 두지 말라고 하시는 것일까요? 다른 신을 존재하게 하는 대표적인 방법은 우상을 만드는 것이었습니다. 신은 눈에 보이지 않기 때문에 신의 형상을 만드는 것이 필수적인 일이었던 것입니다. 이스라엘 백성들이 가까이 접하고 있었던 메소포타미아의 신상들 역시 다양한 종교의식을 통해 말하고 듣고 보고 심지어 걸을 수 있도록 소생되었습니다. 신상들은 옷을 입고 하루 두 차례 음식도 제공받고, 다른 신상들의 방문도 받았습니다. 그렇다 하더라도 이 신상들이 신과 동일시된 것은 아니었습니다. 이런 의식적인 신성화는 로마교회의 '화체설'성찬의 떡과 포도주가 그리스도의 실제 살과 피로 바뀐다는 주장을 닮았다고 할 수 있습니다.

어느 시대에나 우상이 있었습니다. 우상이 없었던 시대는 없습니다. 신을 가까이 두기 위해 우상을 만들었을 뿐 아니라 실존인물을 우상으로 만들기도 했습니다. 고대제국들의 왕은 자기 자신을 신의 형상이라고 생각했습니다. 그들은 도시를 건축한 후에 시민들에게서 존중을 받고자 자신의 조각상을 세웠습니다. 자신의 통치의 상징이 존재하지 않는 땅에까지 자신의 조각상을 관례적으로 세웠습니다. 고대 이집트의 경우가 대표적이었습니다. 이집트의 파라오는 자신을 신의 육체적, 지역적 육화肉化로 간주했습니다. 그는 신의 살아있는 형상이요, 신이 스스로를 드러내는 주요한 통로였습니다. 이후로도 사람들은 끊임없이 신을 형상화하려는 유혹을 떨쳐버리지 못했습니다. 인간성을 낙관하던 거침없는 시대에서조차 신의 형상이 사라지지 않았습니다. 오히려 인간 스스로가 신이 될 수 있다는 자신감에 넘쳤습니다. 물론 그런 자신감이 뚜렷하지 않았던 시대에는 인간을 뛰어넘는 신의 형상을 무수히 만들어 전시했습니다.

현대사회에서는 형상의 숭배가 급기야 이미지 숭배로 탈바꿈하기 시작했습니다. 이미지 자체가 사람들을 사로잡기 시작한 것입니다. 현대문화는 이미지로 사람들을 포획합니다. 이로 인해 어느덧 현대인들은 이미지 없이는 살아갈 수 없게 되었습니다. 정치와 경제의 분야에서조차 이미지 싸움이 대세입니다. 사람들에게 좋은 이미지만 각인시킬 수 있다면 만사형통입니다. 상품도 상품이지만 브랜드 이미지가 더욱 중요합니다. 상황이 이렇다 보니 교회도 브랜드화를 통해 승부를 보려고 합니다. 교회 역시 이미지 전쟁에 내몰린 형국입니다. 몇몇 유명한 대형교회는 그 교회 자체가 브랜드가 되었습니다.

이미지 전쟁에서 승리하면 다른 모든 것은 떼어 놓은 당상입니다. 이미지가 망가져 패가망신하는 것도 한 순간이 되었습니다. 이미지로 먹고사는 모델은 수 억, 수 십 억의 돈을 벌어들입니다. 반면, 노동현장에서 맨 몸뚱아리로 힘겹게 일하는 이들은 입에 풀칠하기도 힘든 세상입니다. 우리는 실재와 가상현실, 실제 사물과 가상의 이미지 사이에서 방황하고 있습니다. 최근에는 인기 있는 젊은 뮤지션들을 '아이돌'이라고 부르며 숭배하는 이들마저 생겼습니다. 케이팝K-pop 스타들을 따라다니면서 열광하는 청소년들은 그나마 순진한 편입니다. 여하튼 이런 현상들은 사람이 예배하는 존재로 지어졌다는 사실을 부인하기 힘들게 합니다.

신자, 성찬으로 하나님의 형상이 되어야

제2계명은 제1계명과 어떻게 다를까요? 간혹 제1계명과 제2계명의 차이를 보지 못하고, 이를 하나로 묶어 버리는 이들이 있습니다. 두 계명 모두 우상을 섬기지 말고 여호와 하나님만을 섬기라는 것이 아니냐고 하면서 말입니다. 그러나 아닙니다. 이 둘은 다릅니다. 제2계명은 불신자들이 만들어 섬기는 우상을 말하는 것이 아닙니다. 그보다 이 계명은 하나님을 믿는다고 하면서 실제로는 하나님과 거래하기 위해 우상을 만들어 섬기려는 신자들의 행태를 지적한 것입니다. 믿는 이들도 얼마든지 우상을 만들 수 있습니다. 하나님께서 원하시는 방식대로 하나님을 섬기지 않는다면, 우리는 하나님이 아니라 우상을 섬기는 것입니다. 시내산 아래에서, 하나님과 언약을 맺은 바로 그 곳에서 송아지 형상을 만들어 놓고는 "이것이 우리를 애굽에서 인도해낸 신이다."라고 말한 이스라엘 자손들의 모습이 바로 그것입니다. 눈에 보이는 형상만이 아니라 눈에 보이지 않는 우상들도 많습니다. 가령, 나의 안락, 나의 성공, 나의 조국이 우상이 될 수도 있습니다. 하나님을 향한 예배를 문화적으로 그럴듯하게 기획하는 것 역시 우상을 섬기는 것이 될 수 있습니다. 예배가 철저한 기획의 산물이라면 말입니다.

　이슬람교는 우상을 만들지 말라는 계명에 순종하기 위해 형상을 묘사하는 것 자체를 꺼려했습니다. 사람의 형상을 그림으로 그리는 것조차 회피했습니다. 그들의 성전인 모스크에는 어떤 형상도 새겨있지 않습니다. 기하학적인 문양만을 그려 넣었습니다. 이는 그들이 알라를 어떻게 경배하는지, 알라를 창조된 것들에 비기는 것을 얼마나 경계하는지 잘 보여줍니다. 2015년 1월에 프랑스에서 이슬람 극단주의자들의 테러가 있었습니다. 철지난 좌파잡지에 대한 테러였는데, 이것은 무함마드를 함부로 형상화하는 것을 우상숭배라고 생각하는 이슬람의 태도를 극명하게 보여주는 사례였습니다. 무함마드를 풍자한 만평은 우상을 숭배하지 말라는 계명을 무엇보다 중요하게 생각하는 이슬람교에 대한 무분별한 도발이었던 것입니다.

　그러면 기독교회는 제2계명을 어떻게 이해하고 해석했을까요? 기독교는 성자 예수님은 얼마든지 형상화하도록 했습니다. 그분은 인간의 몸을 입고 오신 하나님이셨기 때문입니다. 우리와 똑같은 사람으로 사셨기 때문입니다. 하지만 성자 예수님과 달리 성부 하나님은 형상화해서는 안 되었습니다. 이점에 있어서 동방교회는 서방교회와 생각을 달리했습니다. 동방교회는 하나님을 형상화하는 길을 추구했습니다. 동방교회의 '이콘' icon, '닮다'라는 동사에서 기원한 말로 형상을 의미한다이 그것이었습니다. 서방교회는 다양한 조각들을 만들어 교회에 배치하면서도 동방교회의 이콘 만큼은 반대했습니다. 이콘에 그려진 성모 마리아나 하나님의 형상이 우상숭배의 소지가 될 수 있다고 생각했기 때문입니다. 동방교회는 이콘을 통해 하나님의 백성이 하나님을 빛 가운데서 뵐 수 있다고 믿었습니다. 입체가 아닌 평면의 이콘, 사실적이 아닌 도식화된 이콘은 우상을 만들지 않으면서 하나님께로 인도하는 도구가 될 수 있다고 믿었던 것입니다.

그러면 종교개혁은 형상에 대해 어떠한 태도를 보였을까요? 종교개혁은 조각상이나 이콘 대신에 하나님의 말씀, 즉 설교에 집중했습니다. 말씀으로써 우상을 근원적으로 차단하려고 했던 것입니다. 그럼으로써 보는 예배를 듣는 예배로 바꾸었습니다. 그렇다고 해서 우상숭배가 완전히 근절될 수 있었을까요? 우상은 우리의 마음에서부터 생겨나는 것인데 말입니다.

하나님께서는 사람을 지으시되 자신의 형상으로 지으셨습니다. 타락한 이후 사람들은 자신이 하나님의 형상이 되기보다 다른 어떤 형상을 만들기에 몰두합니다. 타락한 사람들은 이미지 없이, 형상 없이 살아갈 수 없기 때문입니다. 멀리 가지 않아도 우리 주위에 이미 온갖 기념물과 동상들이며 신상들이 가득한 것을 얼마든지 확인할 수 있습니다.

자신이 하나님의 형상이라는 것을 알지 못하는 사람들은 하나님의 형상을 찾아 그 무엇인가를 만들 수밖에 없습니다. 이런 점에서 우리는 사람이 하나님의 형상으로 지어졌기에 더 이상 하나님의 형상을 닮은 어떤 우상도 만들 필요가 없음을 알려야 합니다. 사실, 세상은 사람을 지나치게 강조한 것이 아니라 오히려 너무나 부족하게 강조해 왔습니다. 이제 세상은 사람의 중요성을 바르게 강조할 필요가 있습니다. 그에 따라 사람이 우상이 될 수도, 하나님의 형상이 될 수도 있기 때문입니다.

그런데 하나님의 유일한 형상은 예수 그리스도입니다고후 4:4. 사람들은 그리스도 안에서 믿음으로 말미암아서만 서서히 하나님의 형상을 구현해갈 수 있습니다. 믿는 사람들, 곧 신자는 성찬의 상에서 예수 그리스도를 먹고 마심으로써 마귀의 형상을 벗고 하나님의 형상으로 회복되어 갑니다. 신자는 그리스도로 인해 죽은 우상이 아닌 살아있는 형상이 됩니다. 그러므로 성찬이야말로 모든 우상문화를 대항하는 하나님의 이콘이자 형상의 문화라 할 수 있습니다. 물론 성찬상의 떡과 잔이 실제로 그리스도의 살과 피로 변하는 것이 아니라 성령님께서 임재하셔서 그리스도를 친히 우리에게 주시는 것입니다. 한편, 성찬에서는 예수님의 죽으심만이 아니라 부활 역시 강력하게 전시됩니다. 이런 점에서 성찬은 부활하신 분을 맛보아 아는 자리이기도 합니다.

정리하자면, 성찬은 하나님의 형상으로 회복되는 잔치상이요, 하나님과 하나가 되는 성례입니다. 이미지가 지배하는 현대문화에서 교회는 이 같은 성찬을 하나의 문화로 일구어갈 필요가 있습니다. 성찬은 결코 침울한 예식이 되어서는 안 됩니다. 성찬은 잔치가 되어야 합니다. 성찬에서 예수님의 몸과 피를 먹고 마신 사람은 결코 이전으로 돌아갈 수 없습니다. 먹고 마시는 것을 중요하게 생각하는 우리 문화에서 성찬을 삶으로 확장하는 것이 필요합니다. 자기중심적으로 즐기기 위해 젠체하면서 먹고 마시는 것이 아니라 자신을 나누어 주기 위해 먹고 마실 수 있어야 합니다.

좀 더 생각해볼 문제

1. 로댕이 만든 조각들을 한번 감상해 보고 느낀 점들을 말해 봅시다. 대표적으로 로댕의 <생각하는 사람>이 머리에 떠오르지 않습니까? 로댕이 표현하고 있는 운동과 자유가 근대를 어떻게 만들었는지 나누어 봅시다.

2. 현대문화가 형상과 이미지, 브랜드로 승부를 거는 것을 살펴 봅시다. 상품 값이 곧 브랜드 값으로 자리하면서 한국 상품이 점차 고가정책을 취하는 것도 생각해 봅시다. 현대인들은 어떤 이미지에 잘 넘어 가는지도 나누어 봅시다.

3. "이미지가 종교다."라는 말이 있습니다. 기독교는 어떤 이미지, 어떤 브랜드를 가져야 하겠습니까? 특정교회가 브랜드가 되는 것이 아니라 교회 자체를 하나의 브랜드로 만드는 것은 어떻습니까? 더불어 성찬을 브랜드화하는 것도 생각해 봅시다.

제3계명

하나님의 이름을
찾아주세요

"너희는 주 너희 하나님의 이름을 함부로 부르지 못한다. 주는 자기의 이름을 함부로 부르는 자를 죄 없다고 하지 않는다."
출애굽기 20장 7절(새번역)

"교황의 입에서 나오는 말이라면 모두 진리로 여겨야 한다는 것도 하느님을 모독하는 것이다."
노트커 볼프·마티아스 드로빈스키의 『그러니 십계명은 자유의 계명이다』(분도출판사, 2012) 중에서 이름 없는 존재가 있을까요? "내가 그의 이름을 불러 주었을 때 그는 나에게로 와서 꽃이 되었다."라는 시인 김춘수의 시처럼 이름 없는 존재는 존재하지 않는 것이나 다를 바가 없습니다. 하나님께서는 아담을 창조하신 후 그에게 모든 생물들을 이끌어 오셨습니다. 아담은 그것들에게 이름을 지어주었습니다. 태초에 명명命名이 있었던 것입니다. 아담은 무작위로 그들의 이름을 지어주지 않았습니다. 그에게는 각 존재들이 지닌 독특하면서도 뚜렷한 특징을 명확하게 간파하는 능력이 있었습니다. 이후로 우리는 아담이 지은 이름에 따라 존재하는 것들을 파악할 뿐 아니라 그것에 근거해 계속해서 다른 존재들을 명명해갑니다. 오늘날에는 작명가의 역할이 그다지 중요하지 않게 되었지만, 한국에서는 여전히 맹위를 떨치고 있습니다. 이름을 새롭게 지어 자신의 운명을 바꾸어 보려는 것일까요? 때문에 명명하는 기관의 역할은 보다 중요해졌습니다.

그런데 하나님께서는 과연 누가 이름을 지어준 것일까요? 하나님의 이름은 이미 잊혀진 것이 아닐까요? 사람들은 애써 하나님의 이름을 외면하고 있지 않습니까?

샤갈, 하나님의 이름을 변호하다

유대인인 마르크 샤갈Marc Chagall, 1887~1985은 러시아의 비텝스크라는 작은 마을에서 태어났습니다. 그는 동경해 마지않던 자유로운 도시 파리로 가서 서유럽의 정취를 흠뻑 들이마셨습니다. 그는 평생 유대인이라는 자의식을 놓지 않고서 하나님의 이름을 변호했습니다. 제2차 세계대전 당시에 샤갈은 미국으로 피신했습니

마르크 샤갈, <모세와 가시덤불>
1968년, 캔버스에 유채, 49.7cm × 36.9cm
니스, 마르크 샤갈 성서 메시지 미술관

다. 그는 그 곳에서 동료 유대인들이 끔찍하게 학살당했다는 소식을 듣고는 경악했습니다. '하나님께서 계신다면 어떻게 이런 일이 일어날 수 있단 말인가? 그렇지 않다면 하나님께서 이런 상황을 모르고 계셨다는 말인가?' 아마도 당시 이것이 샤갈의 질문이었을 것입니다. 그런데 하나님께서 그 사실을 모르고 계셨다고 해도 문제이고, 아셨다고 해도 문제입니다. 하나님께서 모르셨다면, 하나님께서 모든 것을 아신다는 것에 모순이 생깁니다. 반대로 하나님께서 모든 걸 아셨는데도 가만히 계셨다면, 이번에는 하나님의 선하심이 문제가 됩니다. 또는 모든 걸 아셨는데 간섭할 능력이 없으셔서 가만히 계셨다면, 하나님의 전능하심이 문제가 됩니다.

샤갈은 감수성이 예민한 사람으로서 이것으로 인해 하나님께 항변하며 욕할 수도 있었을 것입니다. 하지만 그는 계속해서 하나님을 변호했습니다. 심지어 그는 예수님께서 십자가에 못 박히신 장면을 그림으로써 유대인들의 고난을 예수님께 투영시키기까지 했습니다. 예수님께서 모든 유대인들의 고통을 대신하셨다는 것을 드러낸 것입니다. 이런 점에서 유대인이었던 샤갈은, 로마 가톨릭의 유명한 신학자인 칼 라너의 표현을 빌린다면, '익명의 그리스도인'이었다고 말할 수도 있을 것입니다.

샤갈은 삽화를 곧잘 그리곤 했는데, 이 능력이 이내 대단한 예술적 경지에까지 이르게 되었습니다. 그는 자신의 내면에 자리하고 있던 성경의 이야기들을 그림으로 풀어놓기 시작했습니다. 유대인들은 십계명의 제2계명 때문에 형상을 만들지 않기로 유명했는데, 샤갈은 그런 것에 아랑곳하지 않았습니다. 그는 팔레스타인을 직접 여행해 보고 난 다음에 성경을 그리기 시작했습니다. 앞의 그림은 출애굽기 장면 중 모세가 떨기나무 불꽃 가운데서 하나님을 만나는 장면을 그린 것입니다. 이 그림에서 모세의 머리에 뿔이 나 있는 것을 볼 수 있습니다. 이는 시내산 위에서 하나님을 뵌 모세가 그의 얼굴에 '광채'가 났다는 것을 불가타역 히브리어를 라틴어로 번역한 성경이 비슷한 히브리어인 '뿔'이란 단어로 혼동해서 쓴 이후로 그렇게 굳어졌기 때문입니다. 하나님께서는 이 곳이 거룩한 곳이니 모세에게 신발을 벗으라고 하셨습니다. 모세는 떨기나무 불꽃을 통해 나타나신 하나님을 만났습니다. 하나님께서는 모세에게 자신을 '여호와' 나는 스스로 있는 자라고 밝히셨습니다. 재미있게도 샤갈은 하나님의 형상 대신에 둥근 원 안에 여호와라는 글자를 새겨 넣었습니다. 그도 하나님을 형상화하는 것만큼은 망설였던 것일까요? 샤갈은 자기 백성을 애굽에서 해방시키신 하나님께서 여호와시라는 것과 그 여호와께서 지금도 여전히 자기 민족을 돌보신다는 확신을 놓지 않았습니다.

　샤갈 이전에도 삽화를 그린 이들이 종종 있었습니다. 그들은 대개 풍자적인 삽화를 그렸습니다. 중세시대에도 교회의 억압과 관련한 조롱과 풍자가 민간에서 성행했습니다. 이런 조롱과 풍자가 종교개혁을 계기로 봉인에서 완전히 풀려났습니다. 우스운 이야기인지 모르겠지만, 종교개혁이 모든 풍자화와 풍속화의 출발이 되었던 것입니다. 개혁자들은 로마교회와 교황을 한껏 조롱했습니다. 우리가 잘 아는 르네상스의 기린아였던 에라스무스는 『우신예찬』을 통해 교회와 신자들이 온갖 어리석은 신들을 섬긴다고 조롱해댔습니다. 이런 조롱문화는 계몽주의를 통해 한층 더 극단적으로 흘렀습니다. 급기야 교회뿐만 아니라 교회가 섬기는 하나님까지 마음껏 조롱하기 시작했습니다. 그런 조롱 가운데 한 가지를 예로 들면 이렇습니다. "어떤 어린아이가 자기가 키우던 병아리를 위해 기도했단다. '하나님, 제 병아리를 돌봐주세요. 그렇지 않으면 죽여 버릴 거예요.' 그러자 깜짝 놀란 아빠가 하나님께 그런 말을 하는 게 아니라고 했더니, 그 아이가 대뜸 '저도 알아요. 하지만 확실하게 해 두고 싶어서요.'라고 말했단다." 이렇듯 아이들조차도 하나님을 불러 세우고는 확실히 하라고 호통을 치기에 이르렀습니다. 이제 하나님의 이름은 이리 치고 저리 치는 우스갯거리가 되었습니다.

현대사회, 부를 이름이 없다

사람은 아담을 닮아, 아니 하나님을 닮아 어떤 사물이나 존재에게 이름을 부여합니다. 이름을 제대로 부르고 대접하는 문화야말로 바람직한 문화라 할 수 있습니다. 그런데 현대사회에서 이름을 부여하는 것은 그 대상의 본질을 드러내기 위한 것이 아니라, 단지 다른 것들로부터 그것들을 구분하고 가려내기 위한 것에 가깝습니다. 이런 식의 이름 짓기는 차라리 '딱지붙이기'라고 하는 것이 더 정확한 표현입니다. 한번 붙은 딱지는 좀처럼 떼어내기가 어렵습니다. 예를 들어, 심리학이나 의학에서는 사람의 질병이나 이상 징후를 분류하여 딱지를 붙입니다. 환자나 내담자를 자기들이 분류해 놓은 틀 속에 집어넣기 위함입니다. 전문가인 자신들이 편하게 관리하고 조작하기 위해서입니다. 현대사회에서는 언어를 장악하는 자가 지배하는 자리에 서게 됩니다. 그래서 전문가들은 어떻게든 먼저 언어를 장악하려고 합니다. 일반인들이 모르는 전문용어를 난발합니다. 그런 식으로 언어가 장악된 사람또는 명명당하는 사람은 언어를 장악한 사람또는 명명하는 사람에게 종속될 수 밖에 없습니다.

사람들은 모든 존재에 딱지를 붙였습니다. 심지어 신들에게까지도 딱지를 붙였습니다. 고대 그리스-로마 신화에 보면 온갖 종류의 신들이 등장하는데, 대개 그들에 의해 사람의 운명이 좌우되곤 합니다. 하지만 자세히 뜯어보면 이들 신들도 운명에 매여 있는 것처럼 보입니다. 더군다나 그리스인들은 그들의 삶에 어떤 강력한 것이나 매혹적인 것이 등장할 때에 신이 나타났다고 생각했습니다. 즉 자신들의 놀라운 경험을 설명하기 위해 신들을 동원한 것입니다. 따라서 결국 신들에게 이름을 부여한 존재는 다름 아닌 사람이었던 것입니다. 사람이 신을 만들었다는 말이 여기서 나오게 된 것입니다.

중세 초기만 하더라도 하나님의 존재를 증명할 필요가 없었습니다. 하나님은 자명한 존재였기 때문입니다. 다른 모든 것은 그분으로 인해 존재를 부여받았습니다. 그런데 어느 순간에 하나님의 존재를 이성으로 증명하려는 운동이 일어났습니다. 그 대표적인 것이 '신 존재증명'이었습니다. 현대문화는 이보다 더 나아갑니다. 아예 신의 존재 자체에 관심을 두지 않습니다. 조롱하듯이 하나님의 이름을 읊어댈 뿐입니다. 욕을 하기 위해 하나님의 이름을 갖다

붙입니다. 신을 위한답시고 이런 저런 역할을 신에게 부여하기에 여념이 없지만, 실제로 신은 뒷방 늙은이에 불과합니다. 문학은 물론이거니와 다양한 분야의 현대예술에서 부조리극이 연일 상연되고 있습니다. 누가 더 부조리하게 표현하는가를 두고 경쟁하는 듯합니다.

신을 퇴출시킨 과학과 달리 그나마 예술은 현실의 부조리와 인간의 유한함을 극복하기 위해서라도 신을 호출하고 있다는 것이 다행이지 않느냐고 말하는 이들도 있습니다. 그러나 아닙니다. 사람이 하나님을 호출해 내는 것 자체가 더 부조리한 것입니다. 인간의 절망과 한계를 직시하기보다 그 속에 신들을 끌어들여 자신들의 책임을 떠넘기려고 하기 때문입니다. 옛날의 주술이 신들을 불러내기 위한 절박한 몸부림이었다면, 현대예술은 신들을 법정에 세워 조롱해대는 몸부림이라고 할 수 있습니다. 아름다움과 추함, 참과 거짓, 창조주와 피조물의 구분 자체가 없어졌습니다. 창조세계와 하나님의 이름 또한 공허한 이름이 되어버렸습니다. 현대문화에서는 더 이상 진지하게 부를 이름이 없습니다.

현대문화가 하나님의 이름을 부를 때는 대개 조롱하기 위함입니다. 현대인들이 하나님을 조롱하는 것은 유대인들처럼 끔찍한 재앙을 겪었기 때문이 아닙니다. 자신이 마음먹은 대로 세상이 움직이지 않기 때문입니다. 아니, 하나님께서 자신들의 앞길을 가로막고 있다는 것을 은연중에 느끼고 있는 것인지도 모릅니다. 현대문화는 하나님께서 사람들의 상황과 조건을 책임져야 한다고 욕하지 않습니다. 어느 누가 하나님께 그런 책임을 부과한단 말입니까? 아무 의미 없이 그저 공허한 이름뿐인 존재에게 말입니다. 그것은 그냥 조롱하는 것뿐입니다. 아무 의미 없는 공허한 소리일 뿐입니다. 정말로 웃기는 것은 자신들은 사적이든 공적이든 얼마든지 하나님을 언급하고 욕하고 조롱하면서도, 정작 신자들은 사적이든 공적이든 하나님의 이름을 들먹이는 일을 결코 해서는 안 된다고 주장하는 것입니다.

교회, 고백문화를 만들어가야

하나님의 이름을 잘못 사용하는 것은 믿지 않는 이들만의 문제가 아닙니다. 믿는 이들도 하나님의 이름을 함부로 사용하고 있기 때문입니다. 오늘날 서구사회에서 하나님이나 예수님, 그리스도를 욕으로 사용하는 것도 하나님의 이름을 잘못 사용하는 좋은 예입니다. 예전에는 타인을 저주하기 위함이라는 의미가 부여되었습니다. 하지만 지금은 그런 의미조차 부여되지 않고 정말로 아무런 의미 없이 하나님의 이름을 욕으로 남발합니다. 한편으로 기독교 문화를 토대로 하고 있는 현대 서양문화에서 하나님의 이름이 사용되는 것이 자연스러울 수도 있습니다. 하지만 이것은 겉으로만 그렇게 보일 뿐입니다. 현대문화는 결코 하나님의 이름을 진지하게 대하지 않습니다. 이런 문화에서는 하나님의 이름으로 맹세하는 것이 오히려 하나님의 이름을 망령되이 일컫는 것입니다.

하나님의 이름은 사람들이 지은 것이 아닙니다. 하나님께서 스스로 사람들에게 자신의 이름을 보이신 것입니다. 하나님께서는 자신의 이름을 스스로 아끼십니다. "그 여러 나라에서 더럽힌 내

거룩한 이름을 내가 아꼈노라."겔 36:21 하나님의 이름으로 맹세하고, 그 이름에 영광을 돌릴 수 있는 분은 하나님뿐입니다. '영광'으로 번역되는 히브리어는 '무거움'이라는 뜻도 지니고 있습니다. 하나님만이 하나님의 이름이 지닌 무거움을 아십니다. 이러한 무거움 때문에 유대인들은 하나님의 이름에 해당하는 네 개의 연속된 자음יהוה을 함부로 부르지 않았습니다.

사람들로서는 하나님의 이름이 지닌 무거움을 감당할 수 없기에 또 다른 하나님의 이름이 필요합니다. 그것이 바로 예수 그리스도입니다. 이 이름이야말로 하나님의 이름이요, 하나님의 이름의 무거움을 버티게 해 주는 이름입니다. 이 이름이 우리를 구원합니다. 교회는 이 이름을 드높여야 합니다. 하나님의 이름을 높이는 것은 종교심이 있는 사람이라면 누구나 할 수 있는 일입니다. 하지만 예수님의 이름을 높이는 것은 믿음이 없이는 불가능한 일입니다. 예수님을 인간적으로 알고 높이는 것은 얼마든지 가능하겠지만, 그분의 이름을 하나님의 이름으로 높이는 것은 웃기는 일이라고 생각할 테니 말입니다. 교회가 예수님을 우리와 똑같은 사람이요, 동시에 하나님으로 고백하지 않은 채 하나님의 이름을 높이는 것은 공허한 말장난에 불과합니다.

고백을 강요하는 것만큼 더 끔찍한 일이 있을까요? 상대방 앞에서 자아비판과 고백을 강요하며 혹독하게 몰아세우는 것 말입니다. 상대방을 훔쳐보고 정죄하므로 자기의 의를 확보하려는 것보다 유치한 것은 없습니다. 교회는 결코 고백을 강요하거나 서로를 비판하기 위해 안달하는 곳이 아닙니다. 교회는 마음에도 없는 고백을 강요하는 곳이 아닙니다. 교회는 고백적일 수밖에 없지만 교회의 고백은 신자를 닦달해서 획일화시키는 것이 아닙니다. 하나님을 향한 고백은 일방적인 것일 수 없습니다. 남녀의 관계에서는 고백이 일방적일 수도 있지만(짝사랑의 경우), 하나님과 우리의 관계에서는 그렇지 않습니다. 삼위 하나님께서 먼저 우리를 사랑하셨기 때문에 우리의 고백은 일방적일 수 없습니다. 우리의 고백은 하나님의 사랑에 대한 적절한 반응입니다. 하나님의 이름이 계시되는 곳에서 고백은 찬양으로 우러나올 수밖에 없습니다.

교회는 제대로 된 고백문화를 만들어 가야 합니다. 교회는 '고백'을 통해 하나님의 이름에 합당한 영광을 돌려야 합니다. 고대에서 서방교회는 사도신경을 통해, 동방교회는 니케아신경을 통해 삼위 하나님을 고백했습니다. 당시 교회들은 예배하면서 삼위 하나님을 고백함으로써 지구상의 모든 신자, 모든 교회들과 하나가 될 수 있었습니다. 고백함으로써 과거의 모든 신자, 모든 교회들과 하나가 되고, 미래의 모든 신자, 모든 교회들과도 하나가 될 수 있었습니다. 바른 고백이 없이 종교적인 열심만 있는 것은 이단을 양산해낼 확률이 높습니다. 고백없이 믿는 이단이야말로 제3계명을 어기는 자들, 즉 하나님의 이름을 잘못 사용하는 자들입니다.

바른 고백 없이 하나님의 이름을 부르는 것은 하나님을 모독하는 것에 불과합니다. 신앙고백만이 하나님의 이름을 바르게 담아내는 그릇입니다. 우리가 살아가면서 하나님의 이름을 제대로 부르기 위해서는 무엇보다 예배에서의 바른 고백이 우선되어야 합니다. 이 고백 위에서 성도의 교제도 가능하며, 신자의 삶도 가능한 것입니다. 교회가 모일 때마다 고백하고, 또한 세상에 흩어져서 그 고백대로 살 때에 하나님의 이름은 비로소 합당한 의미와 영광을 얻게 될 것입니다.

좀 더 생각해볼 문제

1. 샤갈이 유대인들의 대학살을 겪은 이후에도 하나님을 부인하지 않았다는 것과 심지어 예수님의 십자가를 통해 유대인들의 고난을 해소시키려 했다는 것을 생각해 봅시다. 과연 샤갈을 익명의 그리스도인이라고 부를 수 있을까요?

2. 현대는 호칭문화라고 해도 과언이 아닌데, 과연 전문가들이 각 영역을 분류하고 명칭을 다는 것이 바람직한 것일까요? 또한 상담자가 내담자에게, 의사가 병자에게 마치 딱지를 붙이는 것처럼 보일 때가 있는데, 현대문화의 이와 같은 딱지붙이기를 극복할 수 있는 방안이 있을까요?

3. 교회는 행위 이전에 고백을 통해 하나님의 이름을 높여야 합니다. 교회가 이구동성으로 외쳐야 할 고백이 무엇인지 나누어 봅시다. 내가 속한 교회가 개인의 감정과 직분자의 영성을 강조하는 것을 넘어서 함께 '고백하는 교회'가 되기 위해 노력합시다.

제4계명

우리는 결코
쉴 수 없게 되었다

"안식일을 기억하여 그 날을 거룩하게 지켜라. 너희는 엿새 동안 모든 일을 힘써 하여라. 그러나 이렛날은 주 너희 하나님의 안식일이니, 너희는 어떤 일도 해서는 안 된다."

출애굽기 20장 8-10절(새번역)

"우리는 안식일을 무시함으로써 나날의 삶을 평범한 날, 판에 박힌 날, 일하는 날로 만들어 버렸다. 우리는 경축의 느낌을 잃어버렸다. 우리는 하나님께서 창조된 세상을 즐기셨듯이 발길을 멈추고 세상을 즐기는 법을 잊어 버렸다."

조안 키티스터의 『십계명 마음의 법』(성바오로출판사, 2008) 중에서 현대인들은 피로를 달고 삽니다. 늘 피곤에 절어 있습니다. 너나 할 것 없이 모두 피곤한 얼굴을 하고 있습니다. 너무 피곤한 데도 애써 피곤하지 않은 체, 활력이 넘치는 체 해야 하니 오히려 더 피곤합니다. 직장에서는 피곤해 하는 얼굴을 곱게 보아주지 않으니까요. 감정노동자들의 고통은 너무나 안쓰러울 정도입니다. 사람을 이중인격자로 만들기에 딱 좋은 직업입니다. 현대인들의 피로를 철학적으로 분석한 『피로사회』한병철, 문학과지성사, 2012라는 책이 대단한 인기를 끌 정도로 우리 사회는 피로와 뗄 수 없는 사회가 되었습니다. '피로사회 신드롬'이라고 말할 수 있습니다. 비단 책의 문제만이 아닙니다. 커피를 포함한 각성제 시장이 계속해서 급성장하고 있는 것을 보면, 우리 사회의 피로도는 한계를 넘어섰다고 해야 할 것입니다. 피로를 줄이는 시스템을 만들려고 하기보다 각성제에 의지해서 피로를 못 느끼게 함으로써 더 열심히 몰아붙이려고 합니다.

과연 우리 사회는 사람을 얼마나 더 쥐어짤 수 있다고 생각하는 것일까요? 우리는 언제쯤 제대로 쉴 수 있을까요? 사람만이 아닙니다. 사람의 등쌀에 치인 자연만물은 또 언제쯤에나 제대로 쉴 수 있을까요?

쇠라, 여가를 노래하다

프랑스 파리에서 태어난 조르주 쇠라Georges Seurat, 1859~1891는 일요일에 파리 근교의 그랑자트 섬으로 여가를 즐기러 나온 다양한 계층의 시민들을 화폭에 담았습니다. 산업혁명으로 인해 생겨

조르주 쇠라, <그랑자트 섬의 일요일 오후>
1884~86년, 캔버스에 유채, 207.5cm × 305cm
시카고, 시카고 아트 인스티튜트

난 풍부한 물자와 여유를 누리는 파리 시민들의 모습을 화폭 전체에 가득 채워 넣은 것입니다. 마치 일요일은 더 이상 예배하는 날이 아니라 자신을 즐기는 날이 되었다는 것을 보여주기라도 하는 것처럼 말입니다. 그러나 사실, 그림 속의 파리 시민들은 한가로이 여유를 즐기고 있다기보다 오히려 석고상처럼 굳어있는 것처럼 보인다고 말하는 것이 더 적절합니다.

이 작품은 쇠라가 시도했던 소위 말하는 '점묘법'點描法, Pointillism이 가장 잘 적용된 작품입니다. 쇠라는 원색을 가지고 형태를 구성하지 않고 수많은 점을 찍어 색깔과 형태를 완성했습니다. 인상파 화가들이 그린 대부분의 작품들처럼 일정한 거리에서 이 그림을 감상하면, 점들이 섞여서 어떤 원색보다 더 빛나는 색깔과 형태가 드러나게 됩니다. 이런 점묘법은 화폭에 과학적인 기술을 동원함으로써 자연만물을 비롯해 모든 개인들의 온전한 자유를 표현하고자 한 것입니다. 다시 말해 쇠라는 거대한 화폭에 한가롭고 자유로운 모습을 담기 위해 주도면밀한 기술자처럼 움직였던 것입니다.

쇠라는 기본적으로 인상파 계열에 속합니다. 인상파는 자연만물의 변하지 않는 본질에 주목하기보다는 빛과 시간에 의해 시시각각 변하는 모습을 다채롭게 그린 유파입니다. 이들은 공간감을 없애고 평면화를 추구하면서도 끊임없이 새롭게 생성되는 과정을 그렸습니다. 이 같은 태도는 우연히 발생한 것이 아닙니다. 모든 유파가 마찬가지겠지만, 인상파 역시 당시 시대의 산물이었습니다. 당시 유럽사회는 산업혁명이 고도의 자본주의 단계로 접어

들고 있었습니다. 이러한 시기에 발맞춰 인상파 화가들 역시 운동과 변화를 찬양하는 대열에 자연스럽게 합류했습니다. 이런 점에서 인상파는 정적이고 존재중심의 중세 세계상이 해체되고, 동적이고 생성과정을 중시하는 근대문화가 수립되고 있음을 대변하는 것이었습니다. 이들의 유화를 감상한 사람들은 점과 얼룩이 뒤섞인 그림 앞에서 자신들이 조롱받고 있다고 생각했습니다. 이에 분노를 터뜨리기도 했습니다. 그들은 아직까지 불변하는 본질과 질서에 매달리고 싶었던 것입니다.

현대인들은 쉴 수 없는 인간이 되었습니다. 그 본격적인 출발은 산업혁명에서부터였습니다. 우리가 잘 알듯이, 산업혁명은 '증기기관'의 발명으로 가능했습니다. 영국의 화가들은 증기기관으로 발명된 기차에 매혹되기까지 했습니다. 대표적인 화가가 윌리엄 터너William Turner, 1775~1851인데, 그는 <비, 증기, 속도>라는 제목의 유화를 그리기도 했습니다. 이 그림에는 빗속에서 증기를 내 뿜으면서 달리는 기차의 속도감이 고스란히 담겨 있습니다. 터너는 산업혁명의 죽여주는(?) 속도감을 기차를 통해 표현하고자 했던 것입니다. 산업혁명은 당시까지 상대적으로 조용하고 질서정연했던 시대를 세차게 흔들어 대었습니다. 세계는 거대한 공장으로 변해갔습니다. 인상파 화가들은 인류 역사상 처음으로 찾아온 이 같은 호황과 진보에 눈이 휘둥그레졌습니다. 화가들은 산업혁명으로 생성된 도시정서인 외로움과 신속성을 붓질해 대었습니다.

공장굴뚝의 연기는 수많은 사람들을 노동자로 내몰았습니다. 산업혁명에 속도가 붙으면 붙을수록 한 쪽에서는 비숙련 노동자들, 특히 어린아이들이 유례없이 착취당해야 했습니다. 반면, 다른 한쪽에서는 그런 물품들을 구입할 여유가 있는 사람들이 자신들의 삶에 찾아온 여유와 풍요로움을 한껏 자랑하며 뽐내었습니다. 산업혁명이 가져다준 대량생산 체제는 남녀가 함께 가내수공업에 의존하며 생산하던 모습을 완전히 바꾸어 버렸습니다. 남자는 공장으로 내모는 한편, 여자는 남자에게 의존적인 존재로 바꾸어 버린 것입니다. 이렇게 해서 산업혁명은 새로운 남녀, 즉 돈벌이에 내몰려 스트레스를 받는 남자와 집안일에 매여 스트레스를 받는 여자를 탄생시켰습니다. 여성해방운동은 이런 모순된 관계를 뒤집어엎으려는 것입니다. 하지만 여성해방운동으로 여성이 집 밖으로 나오기는 했지만, 남녀의 진정한 협력에까지 이르지는 못했습니다.

현대사회, 쉼 없이 창조성을 강요하다

현대문명은 한마디로 말해 기술우위문명, 아니 기술유일문명이라고 해야 할 것입니다. 인간은 기계들 사이에서 어떻게든 생존을 도모하기 위해 애를 씁니다. 심지어 자신을 아예 기계의 한 부품으로 만들기도 합니다. 하지만 아무리 노력해도 기계와 경쟁해서 이길 수 있는 노동자는 없습니다. 기계화가 진행되면 될수록 노동자들은 사회 언저리로 내몰릴 수밖에 없습니다. 대부분의 노동자들이 기계를 증오합니다만, 살아남기 위해서는 어쩔 수 없이 기계를 닮아가야만 합니다. 아무 생각 없이 기계적으로 일해야만 합니다. 목적도 없고, 이유도 없습니다. 감정이 없는 기계의 노동과 똑같은 노동을 반복할 뿐입니다. 간혹 폭력과 같은 극단적인 감정을 분출하기도 하지만, 대개는 아무런 감정을 표현하지 않은 채 무감정적인 삶을 살아갑니다.

찰리 채플린이 열연한 <모던타임즈>에서도 고발하듯이, 현대인들은 기계의 톱니바퀴가 되어가고 있습니다. 이것은 어느 누가 강요한 것이 아니라 암묵적으로 현대인들 모두가 동의하고 서약한 것입니다. 기술위주의 자본주의 문화는 '역사는 진보한다'는 '진보' 사상에 의해 추동되고 있는 만큼, 진보 또는 성장이 중단되는 즉시로 무너지게 되어 있습니다. 그러나 현대인들은 이 사실을 애써 외면합니다. 아니, 쉬는 즉시 모든 것이 무너진다는 것을 알고 있기에 쉴 수가 없습니다. 쉬려고 하지 않습니다. 이렇게 해서 쉬지 않고 노동하는 새로운 인간이 탄생하게 됩니다. 이것은 기계가 발명되면서부터 이미 예견되어 있었던 일입니다.

증기기관으로 산업혁명이 일어났지만, 현대 기술문명을 형성한 것은 모든 기계의 모형이라 할 수 있는 '시계'의 발명이라 할 수 있습니다. 재미있게도 이 시계를 발명하여 사용한 곳이 중세 수도원이었습니다. 수도원은 혼란하고 불규칙적인 세상과 구별되는 장소로서 일정한 규칙과 질서를 구현하기 위해 시계를 발명했습니다. 시간에 맞추어 하루 일곱 번씩 종을 치고, 그 종침과 더불어 기도하는 성무일도聖務一禱야말로 모든 혼란과 불규칙성에 질서와 규칙을 제공하는 것이었습니다. 수도원은 새로운 질서가 구현되는 장소요, 새로운 시간을 만들어내는 곳이었습니다. 중세 수도원이 근대 기술문명과 자본주의를 발아시켰다는 주장이 실없는 소리만은 아닌 듯합니다. 중세 후기에 수도원이 급속히 늘어나고 그 울타리가 높아지면서 수도원은 세속의 장소나 시간과 다를 바 없는 곳이 되어갔습니다. 장소의 격리와 시간의 규칙성만으로는 거룩성을 만들어 낼 수 없었던 것입니다. 결국 세상에 규칙성을 제공했던 교회는 어느덧 그 규칙성의 노예가 되어갔습니다.

오늘날 기술력을 바탕으로 한 자본주의 문화는 쉼 없이 창조를 외쳐댑니다. '창조경제'라는 말까지 나올 지경입니다. '블루오션'이라는 신조어 아래 새로운 성장 동력을 찾기에 여념이 없습니다. 지구의 자원이 바닥나면 우주로 진출하면 된다고 생각합니다. 지속가능한 성장이라는 형용모순도 짐짓 당연한 체 이야기합니다. 2009년에 개봉되어 최고의 인기를 누렸던 영화 <아바타>는 첨단 기술만 있으면 부족한 자원은 얼마든지 약탈해 오면 된다고 생각하는 인간의 어리석음을 지적한 것입니다. 기계의 승리, 인간성의 퇴보는 기술문명 속에 근원적으로 내장되어 있었습니다. 너나 할 것 없이 제4차 산업혁명을 떠들고 있는 요즘 우리는 기계문명의 절정인 인공지능(A. I.)의 위세에 짓눌려 있습니다. 이제 사람이 기계의 처분을 기다려야 할 상황에 이르게 된 것입니다. 기계가 사람을 선택할 지 버릴 지를 결정하는 상황 말입니다.

교회, 주일 자체를 안식문화의 첨병으로 만들어야

이스라엘 백성에게 안식일 계명은 언약백성의 삶을 대표하는 계명이었습니다. 그들의 몸에는 할례의 흔적이 새겨져 있었고, 그들의 날에는 안식일이 새겨져 있었습니다. 일하지 말라는 안식일 계명은 하나님의 천지창조를 상기하는 계명일 뿐만 아니라 하나님의 구원역사출애굽를 상기하는 계명이기도 했습니다. 하나님께서는 창조하시고, 구원하시고 난 다음 쉬셨다는 것입니다. 안식일에는 광야에서 매일 내리던 만나도 내리지 않았습니다. 매일 내리는 만나는 하루만 지나도 상하지만, 안식일 전날에 주운 만나는 안식일에도 상하지 않았습니다. 이것은 안식일을 향한 하나님의 뜻을 분명하게 드러내줍니다. 하나님의 백성들은 안식일에 일하지 않아도 된다는 것입니다. 하나님께서는 안식일에 일하는 자는 죽일 것이라는 경고를 통해서도 이 계명의 중요성을 분명하게 드러내셨습니다. 하나님의 백성들은 안식일에 일하지 않음으로써 이 땅에 침투해 들어온 하나님의 역사를 분명하게 증언해야 했습니다.

예수님께서는 안식일에 병든 자를 고치시는 등 의도적으로 안식일을 어기심으로써 유대의 종교 지도자들의 분노를 불러 일으켰습니다. 하지만 예수님께서는 거칠게 항의하는 그들을 향해 "아버지께서 이제까지 일하시니 나도 일한다."요 5:17라고 말씀하셨습니다. 이것은 안식일에 일해야 한다는 뜻이 아닙니다. 예수님께서는 안식일에 진정한 안식이 없이 고통하고 있는 이들을 고쳐주심으로써 그들이 진정한 안식을 누릴 수 있도록 해 주신 것입니다. 당시의 안식일 규정을 어기심으로써 오히려 참된 안식을 회복하셨던 것입니다. 예수님께서는 부활하심으로써 이러한 안식을 궁극적으로 성취하셨습니다. 이런 점에서 신약교회가 안식일을 예수님께서 부활하신 주일로 대체한 것은 자연스러운 귀결입니다. 이후로 신자는 주일을 지킴으로써 자신이 그리스도께 속해서 죽고 다시 살아난 하늘 백성임을 확인하게 됩니다. 이것과 더불어 온 우주만물의 소생을 기대합니다.

주일은 쉼이 없는 세상 문화를 대항하여 안식으로 가득 찬 하늘문화를 시위하는 날입니다. 주일에 일하지 않는 것은 하늘의 쉼을 가장 강력하게 증거하는 행위입니다. 오늘날처럼 주일마저 쉬지 않고 일해야 한다는 압박이 강한 때일수록 더더욱 그렇습니다. 신자의 주일성수는 주일에 쉬어도 이 세상에서 생존하는데 아무런 문제가 없음을 증거합니다. 이것은 단지 육체의 휴식만을 의미하는 것이 아닙니다. 보다 중요한 것은 영적인 휴식입니다. 다시 말해 주 안에서 참되게 안식하는 것입니다. 만일 주일에 예배하고 교제를 나누면서도 일하지 않는 것으로 인해 불안해한다면, 그것은 참되게 쉬는 것이 아닙니다. 또한 주일의 예배와 교제가 새로운 일거리가 된다면, 주일은 다른 6일과 하나도 다르지 않은 날이 될 것입니다.

오늘날 주일은 우리가 생각하는 것보다 훨씬 더 중요합니다. 주일은 쉼 없이 달려가는 현대사회의 폭주기관차에 제동을 거는 날입니다. 주일은 다른 모든 날들과 시간들에 의미를 부여하는 날입니다. 주일은 이 지상에 침투해 들어와 있는 하늘영역입니다. 주일을 잘 보낸 신자는 지상의 시간을 하늘의 시간으로 바꾸어낼 수 있습니다. 그는 주일의 안식을 매일의 날들로 확장해 갈 것이기 때문입니다. 구약에서는 안식일이 한 주간의 마지막 날이었지만, 신약에서 주일은 한 주간의 시작 날입니다. 구약에서는 일하고 쉬었지만, 신약에서는 쉬고 일하러 나갑니다. 이는 안식을 일에까지 확장해야 한다는 뜻입니다. 다시 말해 일하면서도 안식을 누릴 수 있어야 한다는 것입니다. 이로써 신자에게는 6일 동안 힘써 일하는 것이 타락으로 인한 징벌이 아니라 구원의 소재가 됩니다.

주일은 '오직 행위'가 지배하는 세상 속에서 '오직 은혜'를 찬양하는 보루입니다. 주일에 성도가 함께 모여 예배하는 것과 교제하는 것이야말로 죽음을 양산하는 세상 문화를 대항하는 생명의 문화가 아닐 수 없습니다. 주일은 그 어떤 것도 생산해 내지 않는 날이지만, 동시에 모든 것을 새롭게 하는 날입니다. 주일은 아무것도 하지 않으면서 모든 것을 하는 날입니다.

좀 더 생각해볼 문제

1. 쇠라의 느긋한 그림은 오히려 치열한 모색의 산물이었습니다. 산업혁명이 가져다 준 물질적인 부요함이 사람에게 진정한 여유를 가져다 주었을까요? 산업혁명의 폐해를 고발하는 작품들을 통해 물질문명의 폐해를 말해 봅시다.

2. 현대문화는 한마디로 기술위주의 문화입니다. 컴퓨터가 그렇고, 제4차 산업혁명의 핵심이라는 A. I.(인공지능)가 그렇습니다. 성장이 정체된 시대에 오히려 성장에 목을 매는 것이 얼마나 아이러니한지 모릅니다. 우리는 과연 어떤 방향을 잡아야 할까요?

3. 주일의 핵심은 그리스도를 통해 안식을 누리는 것입니다. 육체적으로 쉬는 것도 중요합니다. 그렇다면 주일에 제대로 쉬는 방법은 무엇일까요? 어떤 정치인이 말한 '저녁이 있는 삶'을 안식문화로 일구어낼 수 있는 방법이 있을까요?

제5계명

내세울
권위가 없다

"너희 부모를 공경하여라. 그래야 너희는 주 너희 하나님이 너희에게 준 땅에서 오래도록 살 것이다."

출애굽기 20장 12절(새번역)

"나의 부모님, 그리고 내 위에 있는 모든 권위에 모든 공경과 사랑과 신실함을 나타내고, 그들의 모든 좋은 가르침과 징계에 대해 합당한 순종을 하며, 또한 그들의 약점과 부족에 대해서는 인내해야 합니다. 왜냐하면 그들의 손을 통해 우리를 다스리시는 것이 하나님의 뜻이기 때문입니다."

『하이델베르크 요리문답』 제104문답 중에서

요즘은 '권위'라는 말에 대해 다들 색안경을 끼고 봅니다. 선배가 후배에게 온갖 모욕을 주는 일이 비일비재하고, 권력을 가진 자들의 갑질 행위가 판을 치기 때문입니다. 상급자가 하급자에게 무슨 권면을 하려고 하면 겉으로는 들어주는 척 하지만 뒤에서는 꼰대라고 손가락질합니다. 어쩌면 이것이 우리가 사는 현대의 정신을 대변하는 것일지도 모릅니다. 일체의 권위에 대한 부정 말입니다. 옛날에는 당연시되던 권위가 이제는 문제시되고 있습니다. 부모가 자식에게 권위를 내세우려고 하면 권력게임으로 몰아갑니다. 이제 부모는 자녀들의 눈치와 심기를 잘 살펴야 합니다. 남편과 아내의 관계도 마찬가지입니다. 권위는 권력과는 다른 것인데도 불구하고, 권위를 말하면 민주화되고 평등화된 사회에서 웬 권력 타령이냐고 눈을 흘깁니다. 사람은 누구나 평등하다는 것과 사회질서를 위해서는 다스리는 자가 필요하다는 것을 구분할 줄 모릅니다.

일체의 권위를 부정하고 철저하게 평등화된 사회가 진보하고 성숙한 사회일까요? 오히려 이런 일체의 권위부정이 전체주의의 도래를 준비하고 있는 것은 아닐까요?

들라크루아, 혁명을 예찬하다

〈민중을 이끄는 자유의 여신〉은 바로크 시대의 대표적인 낭만파 화가인 들라크루아Eugène Delacroix, 1798~1863의 대표작이라고 할 수 있습니다. 들라크루아는 프랑스의 국왕 샤를 10세를 내쫓은 파리 시민들의 '7월 혁명'1830년을 화폭에 고스란히 담았습니다. 이 화폭에는 들라크루아가 태어나기 직전에 발생한 프랑스 혁명1789년

외젠 들라크루아, 〈민중을 이끄는 자유의 여신〉
1830년, 캔버스에 유채, 260cm × 365cm
파리, 루브르 박물관

의 열기가 고스란히 녹아 있습니다. 당시 프랑스에서는 프랑스 혁명으로 인해 생겨난 공화정이 얼마 못가 무너지고 다시 왕정이 들어섰습니다. 하지만 또 다시 왕정에 저항하는 혁명의 열기가 불타오르고 있었습니다. 그 열기는 평범한 파리 시민들에 의한 것이었습니다. 들라크루아는 이 같이 다시 불타 오른 혁명의 열기를 화폭에 고스란히 담아내었습니다.

수많은 시민들이 화염에 뒤덮인 도시를 뒤로 한 채 칼과 총을 들고 바리케이드를 넘어서 전진합니다. 전면에는 시민들의 시체가 나뒹굴고 있습니다. 동료들이 총 칼에 나뒹굴어도 이들에게는 주저함의 기색이 전혀 없습니다. 이들은 온통 혁명의 열기에 사로잡혀 있을 뿐입니다. 이 그림에서 가장 인상적인 것은 화폭 한 가운데서 한 여인이 가슴을 노출한 채 삼색 깃발을 들고 전진하는 모습입니다. 그녀의 오른쪽과 왼쪽에서 총을 들고 있는 청년이 들라크루아 자신을 형상화한 것입니다. 들라크루아는 이 붓질을 통해 자신이 혁명에 동참했다는 것을 내보이고 있습니다. 가슴을 노출한 이 여인이 들고 있는 깃발은 그 유명한 자유, 평등, 박애를 상징하는 삼색 깃발입니다. 이 삼색기가 오늘날 프랑스의 국기가 됩니다. 삼색기를 든 여인은 현실속의 여인이 아니라 신화 속에서 호출해 낸 마리안느라는 여신입니다. 신화마저도 혁명을 지지한다고 말하고 싶었던 것일까요?

서양의 근대 역사는 프랑스 혁명에서 시작되었다고 해도 과언이 아닙니다. 프랑스 혁명은 정치혁명이라고 알려져 있지만, 사실 이는 교회를 대항한 혁명이기도 했습니다. 당시에는 정치와 교회가 일체였기 때문입니다. 당시에 일체의 권위를 대표하는 것 역시 왕정이자 또한 교회였습니다. 따라서 프랑스 혁명은 왕정을 타도하는 동시에 교회의 권위를 타도하는 혁명이었습니다. 혁명은 교회가 하나님의 이름으로 얽어매었던 모든 억압을 타도하고자 했습니다. 프랑스 혁명은 일체의 권위는 왕이나 교회로부터 나오는 것이 아니라 사람 개개인에게서 나온다고 주장했습니다. 여기서 그 유명한 자유, 평등, 박애라는 세 가지 모토가 나왔습니다. 이 모토들은 사람들의 가슴을 두근거리게 했습니다. 하나님, 성경, 교회를 몰아낸 자리에 들어선 모토들로서 우리가 잘 아는 빅토르 위고의 그 유명한 소설인 『레미제라블』도 이런 프랑스 혁명의 열기를 고스란히 대변하고 있습니다.

프랑스 혁명의 열기는 정작 프랑스에서는 시들해졌지만, 이내 전 유럽으로 퍼져 나갔습니다. 이것을 사상적으로 잘 수용한 것이 바로 '계몽주의'입니다. 사람은 무지몽매함을 벗어나야 하고, 무지로부터 각성해야 한다는 것이었습니다. 무엇보다 이 각성은 교회의 억압으로부터 자유로워지는 것을 의미했습니다. 이로써 사람이 만물의 척도라는 사상이 현실화되었습니다. 1900년대에 네덜란드에서 생겨난 기독정당이 '반反혁명당'이었던 것은 결코 우연이 아니었습니다. 칼빈주의 정신으로 정치를 개혁하고자 했던 이들은 프랑스 혁명이 지닌 정신들을 간파하고는, 기독교가 그 같은 프랑스 혁명의 정신들을 고취하기보다 반대해야 한다고 주장한 셈입니다. 그렇습니다. 기독교의 복음은 일체의 권위를 부정하는 운동을 무조건 승인하지는 않습니다. 일체의 권위를 부정하는 것은 하나님께서 창조하신 질서조차 부정하는 것이요, 결국 하나님마저 부정하는 것이기 때문입니다.

현대문화, 일체의 권위를 부정하다

현대문화를 한 마디로 표현하자면 '모든 권위 사절'이라고 말할 수 있습니다. 정당한 권위조차 내세울 수 없는 상황에 이르렀습니다. "자라 보고 놀란 가슴 솥뚜껑 보고 놀란다."라는 속담도 있듯이, 현대문화는 '권위'라는 말을 듣는 즉시 '권력'이라는 말로 치환해서 봅니다. 평등한 사회, 민주화된 사회가 보편화된 사회이념으로 자리했기 때문입니다. 뿐만 아니라 현대사회에서는 권력자를 조롱할 수 있다는 것을 사회성숙의 척도로 삼습니다. 현대 민주주의 사회는 의사표현의 자유를 무엇보다 중요하게 생각합니다. 권력자들을 조롱하는 것도 전혀 문제되지 않고 오히려 자연스럽습니다. 서양의 역사는 기독교를 배경으로 하기 때문에 이와 같은 권위에 대한 저항은 자연스럽게 교회에 대한 저항으로 나아가게 됩니다. 그래서인지 요즘 인기몰이를 하고 있는 인문학 열풍도 기독교를 비판하는 것이 단골메뉴가 되어버렸습니다. 한국에서도 어느덧 기독교가 기득권으로 분류되어 이런 비판문화에 풍부한 자원(?)을 제공하게 되었습니다.

동양과 서양의 구분 자체가 그렇게 딱 부러지지는 않지만, 일반적으로 서양과 달리 동양의 정서는 권위에 대해 대개 순종적이었습니다. 전통적으로 하늘을 숭배하는 사상이 자리 잡았기 때문입니다. 중국의 예를 보면, 황제는 천명天命에 따라 뭇 백성을 통치

해야 했습니다. 천명을 버리고 실정을 하거나 큰 재해가 일어나면, 그 왕조를 무너뜨리는 세력이 일어나 새로운 왕조를 일으키게 됩니다. 이 같은 왕조의 순환은 혁명이 아니라 천명에 의해 정당화됩니다. 하늘을 받든 임금으로부터 시작하여 부모와 남편이 모든 권위와 질서의 근간이 됩니다. 이것이 우리가 잘 아는 삼강오륜입니다. 임금과 신하, 부모와 자녀, 남편과 아내의 관계가 사회 전체에 확고한 질서를 부여합니다. 이렇듯 동양은 기독교 문화를 자랑하는 서양과 달리 훨씬 더 권위와 질서를 중시하는 사회였습니다. 하지만 이제는 동양도 서양의 뒤를 따르고 있습니다. 서양의 개인주의가 동양까지 지배하게 되었습니다.

현대사회는 기존 질서를 승인하고 사람들에게 그 질서 내에 안존할 수 있도록 대중문화를 발전시켜 왔습니다. 대중문화는 고급문화에 대한 반발로 시작하기는 했지만, 오늘날에는 어떤 고급문화보다 오히려 더 보수적이 되어가고 있습니다. 대중문화가 다른 어떤 문화보다 더 쉽게 자본에 포섭되기 때문입니다. 이 같이 저급화되고 친자본화된 문화들에 대한 반발로 소위 저항문화, 언더그라운드 문화가 등장하고 있습니다. 이들은 카툰이나 만평 등을 통해 기존의 질서와 조직 등을 조롱하고 풍자합니다. 이런 저항문화를 엄격히 통제하는 사회도 있지만, 오늘날 민주사회의 국가와 정부는 이런 저항문화를 어느 정도 용납합니다. 그와 같은 배출구라도 없으면 현대인들은 숨 막혀 할 것이기 때문입니다. <개그 콘서트>에서 한 번씩 시도하는 정치와 사회에 대한 풍자도 이와 같은 문화의 한 장르라고 할 수 있습니다. 무조건 웃기는 개그 수준을 넘어 사회 현상을 풍자하고 패러디함으로써 우리 사회의 질서와 권력을 아프게 찌릅니다. 현대인들은 이런 패러디를 통해 대리만족을 느낍니다.

그런데 현대인들은 안타깝게도 권위와 권력을 잘 구분하지 못합니다. 불의한 권력에 저항하기 위해 정당한 권위마저 부정하는 경우가 많습니다. 이는 목욕물을 버리려다가 아이마저 버리는 꼴입니다. 권위를 부정하고 몰아낸 그 자리에 훨씬 더 강력한 권력이 들어앉습니다. 동양이든 서양이든 지금까지 대부분의 다스리는 자들이 정당한 권위를 수행하지 못하고 불의한 권력을 휘둘렀기 때문에 이 같은 형편에 이르게 되었습니다. 그렇다고 해서 정당한 권위까지 도매급으로 부정하는 것은 안타까운 일이 아닐 수 없습니다. 이런 문화에서는 하나님의 다스리심이라는 절대적 권위를 상정하고 그것을 삶의 모든 영역에서 구현하고자 하는 기독교 정신이 들어설 여지가 없게 됩니다.

프랑스의 사상가인 자크 엘륄Jacques Ellul은 "소위 서구문명이 사라진다 해도 그것은 이미 전 세계에 보급되어 있다. 모든 민족이 서구인이 되었다."라고 말했습니다. 그의 말처럼 우리가 사는 시대는 동서양을 막론하고 포스트모더니즘이라는 시대정신이 팽배해 있습니다. 절대적인 진리가 존재하는 것이 아니라 모든 것은 상대적이고 주관적일 따름입니다. 진리가 따로 그 어디에 객관적으로 존재하는 것이 아니라 나에게 좋고 유익한 것이 진리입니다. 주관적인 것이 절대적인 것이 되었습니다. 이런 상대적이고 주관적인 정신은 전 세계에서 탈 권위를 이끄는 무서운 문화 권력으로 자리하고 있습니다.

교회, 직분의 권위로 세상에 기여해야

권위를 부정하는 움직임은 교회에서도 나타나고 있습니다. 무엇 때문일까요? 이는 직분을 계급처럼 생각하기 때문일 것입니다. 직분자들이 봉사하는 자리를 권력을 행사하는 자리로 만들었기 때문입니다. 이것이 소위 말하는 '교권'敎權입니다. 하지만 500년 전에 일어난 종교개혁은 모든 교권을 거부했습니다. 직분을 제자리로 돌렸습니다. 모든 직분이 동등하며 섬기는 직분이라는 것을 분명하게 밝혔습니다. 직분은 하나님의 권위를 대행하는 통로입니다. 하나님께서는 직분을 통해 세상을 통치하십니다. 따라서 직분을 통해 나타나야 하는 것은 하나님의 권위이지 자신의 권력행사가 아닙니다. 자신의 권력을 행사하려는 순간 직분은 계급이 되고 하나님의 권위는 심각하게 훼손당합니다. 하지만 안타깝게도 인류의 역사는 이와 같이 직분이 제대로 작동되지 않은 경우가 무수히 많았음을 보여줍니다.

하나님께서는 직분자를 세우셔서 악을 제어하고 의를 증진시키도록 하셨습니다. 직분을 맡은 사람은 당연히 그 직분에 걸맞은 인격과 능력을 갖추어야 합니다. 직분자의 임명도 반드시 은사를 확인한 후에 진행되어야 합니다. 은사 없이는 직분도 없습니다. 물론 직분과 그 직분을 맡은 사람의 인격이나 능력은 구분될 필요가 있습니다. 하지만 직분자로 세웠는데 알고 보니 그 직분을 수행하기에 인격이나 수행능력이 턱없이 부족할 때, 그 사람에게서 직분을 회수할 수 있어야 합니다. 정당한 절차를 거쳐서 말입니다. 혁명이라는 방법이 아니라 또 다른 직분자를 통해서 특정 직분자를 탄핵시킬 수 있습니다. 그런데 특정 직분자를 탄핵시킨다고 해서 그 직분까지 폐기시키는 것은 아닙니다. 직분을 폐기할 경우, 그 자리를 대신하는 새로운 계급이 형성되든지, 아니면 어떤 뛰어난 능력을 지닌 개인에게 의존하는 사회가 될 것이기 때문입니다.

부모를 공경하라는 제5계명은 기본적으로 혈육의 관계를 담고 있습니다. 하지만 이 계명은 육신의 부모를 향한 효를 넘어 하나님께서 주신 직분을 맡은 사람들에게 복종하라는 계명이기도 합니다. 우리 사회에서 질서를 바르게 세워 가기 위해서는 제5계명을 분명하게 이해할 필요가 있습니다. 우리는 직분의 의미와 권위, 그리고 그 효용을 바르게 이해하고 구현해야만 합니다. 예를 들어, 자녀들은 부모를 대할 때, 부모는 하나님께서 자신들을 다스리도록 세우신 직분자라는 것을 알아야 합니다. 자신을 낳아주었기 때문에, 또는 자신의 필요 때문에 부모에게 복종해야 하는 것이 아니라 하나님께서 세우신 직분의 권위 때문에 복종해야 합니다.

하나님께서 사회의 각 영역에 세우신 모든 직분들에 관해서도 마찬가지입니다. 기본적으로 우리는 국가의 공무원, 회사의 관리, 학교의 교사에게 주어진 권위를 인정하고 순종해야 합니다. 이것이 제5계명을 지키는 것입니다. 이것 못지않게 각각의 직분들은 하나님의 뜻을 헤아리면서 정의롭게 그 권위를 사용해야 합니다. 사회는 개인의 총합 이상이라는 말이 있듯이, 우리 사회의 안녕은 직분을 맡은 자의 정의로운 다스림과 그 직분에 대한 순종에 의해서 좌우됩니다.

교회는 직분을 바르게 가르쳐야 합니다. 먼저 직분자들이 하나님의 권위와 다스림을 잘 드러낼 수 있도록 해야 합니다. 직분자들의 다스림을 받는 자들은 그 직분에 순종해야 해야 합니다. 모든 직분의 권위는 궁극적으로 하나님께 있기 때문입니다. 이와 같은 직분의 이해와 실천이야말로 교회가 사회에 가장 크게 기여할 수 있는 부분입니다. 직분을 존중하지 않을 경우 우리 사회는 새롭게 형성되는 계급에 의해, 또는 한 개인의 성향이나 능력에 의해 좌우될 것이기 때문입니다. 그것은 곧 또 다른 파시즘이나 나치즘 같은 전체주의를 낳게 될 것입니다.

기독교는 모든 혁명에 어깃장을 놓는 기득권 옹호세력이 아닙니다. 기독교의 복음은 항상 급진적이었습니다. 예수님께서는 어떤 부자 청년에게 네 모든 재산을 팔아 가난한 자들에게 주고 나를 따르라고 하셨습니다. 복음의 이 같은 급진성은 로마사회를 뒤흔들어 놓았고, 종교개혁을 통해 중세사회를 뒤흔들어 놓았습니다. 그런데 안타깝게도 이런 급진성이 기독교가 로마제국의 공인을 받으면서, 또한 자본주의의 공인을 받으면서 한 순간에 사라졌습니다. 사실, 이슬람혁명이나 공산혁명과 같은 대부분의 혁명은 기독교의 권위상실, 더 나아가 기독교의 권력욕에 대항한 반동혁명이었습니다. 교회가 봉사의 자리를 떠나 권력욕에 사로잡힐 경우, 온 세상은 또 다시 혁명의 열기로 가득 차게 될 것입니다.

우리는 예수 그리스도께서 유일한 직분자이심을 믿습니다. 우리는 하나님의 권위 위에 서고자 하는 일체의 권력에 대해 온 몸으로 저항해야 합니다. 어떠한 권력도 하나님의 자리를 차지하지 못하도록 해야 합니다. 이런 점에서 기독교야말로 모든 권력의 한계를 분명하게 설정해주고, 정당한 권위를 제대로 행사하도록 도울 수 있습니다. 우리 사회는 하나님께서 세우신 직분의 권위를 바르게 인정할 때에 비로소 복된 사회로 나아갈 수 있습니다. 이 일에 교회가 기여하는 바가 큽니다. 신자가 직분에 대해 바르게 이해하고 존중하는 것이야말로 우리 사회에 가장 크게 기여하는 것입니다.

좀 더 생각해볼 문제

1. 들라크루아가 '프랑스 혁명'을 예찬한 이유가 무엇이었을까요? 프랑스 혁명에서 계몽주의가 비롯되었고, 이것은 모든 권력을 전복시키고자 했습니다. 이런 점에서 자유, 평등, 박애 역시 일체의 부정적인 권력과 권위에 대한 공격이었다고 말할 수 있을까요?

2. 현대문화는 일체의 권위마저도 부인하고 있는데, 우리 사회가 권위를 인정하지 않고 질서를 제대로 유지할 수 있을까요? 평등을 강조하는 민주주의 사회에서 권위에 대해 어떻게 접근해야 할까요?

3. 교회가 가장 권위적인 문화를 가지고 있지 않습니까? 청년들이 이런 권위적인 문화를 견디지 못하고 교회를 떠나는 경우가 많지 않습니까? 그런 청년들에게 직분이 하나님께서 우리를 친히 다스리는 방편이라는 것을 어떻게 이해시키고, 하나님의 다스림을 누리게 할 수 있을까요?

제6계명

죽이기 위한
이유를 찾는다

"살인하지 못한다."
출애굽기 20장 13절(새번역)

"오늘날 기독교인들은 폭력에 몸서리치거나 폭력을 가능한, 그러나 충격적인 필요성이라고 생각하거나, 아니면 어떤 타협을 발견하려고 하거나 하지도 않고 많은 기독교인들이 '혁명적' 폭력에 열렬히 참가하고 있다."
자끄 엘륄의 『폭력』(현대문화사, 1974) 중에서

살인의 지형도를 그릴 수 있을까요? 그게 무슨 소용이 있겠습니까? 어느덧 사람들은 살인에 대해서 심각하게 생각하지 않고 있는데 말입니다. 이런 저런 화면에서 사람이 죽어가는 모습을 무차별적으로 보여줍니다. 사람 목숨은 파리 목숨과 다를 바가 없는 것처럼 보입니다. 인구의 급격한 증가와 자본주의 체제로 인해 치열한 생존경쟁을 겪다 보니 멀쩡한 정신을 가진 사람들조차도 전쟁을 거론합니다. 큰 전쟁이 일어나 현 체제를 전복시키고 인구도 급격하게 줄어들어야 한다고 말입니다. 역사상 전쟁이 없었던 시절은 거의 없었습니다. 하지만 전쟁이 인구조절에 크게 기여한다고 대놓고 말하는 것은 정말로 섬뜩한 일이 아닐 수 없습니다. 우리 주위에는 총칼이 아니더라도 도처에 사람의 목숨을 해할 수 있는 무기가 널려 있습니다. 교통수단이 발달하면서 그로 인해 사람의 생명을 앗아가는 일이 비일비재하게 벌어집니다. 조금만 실수해도 살인을 저지를 수 있습니다. 평생 살인하지 않고 살 수 있다면 그나마 다행이라는 생각마저 듭니다.

지금까지 타인을 죽이지 않고 살아온 것을 다행이라고 생각할 수 있을까요? 우리는 정말 타인을 죽이지 않고 평생을 살 수 있을까요?

피카소, 살인을 정죄하다

우리에게 너무나 잘 알려진 스페인의 입체파 화가인 피카소 Pablo Picasso, 1881~1973는 〈게르니카〉라는 작품을 통해 스페인 내전의 참상을 고발했습니다. 〈게르니카〉는 헤밍웨이Ernest Hemingway의

파블로 피카소, 〈게르니카〉
1937년, 캔버스에 유채, 776.6 cm × 349.3cm
마드리드, 레이나 소피아 미술관

장편소설 『누구를 위하여 종은 울리나』, 그리고 로버트 카파Robert Capa의 사진 〈어느 공화파 병사의 죽음〉과 함께 스페인 내전과 관련된 삼대 걸작으로 알려져 있습니다. 국가 간의 전쟁이나 민족 간의 전쟁보다 더 참혹한 것이 한 나라 한 민족 내에서 일어나는 내전입니다. 엊그제까지 형제로 지내다가 한 순간에 적이 되어 서로를 죽여야 하는 상황이기 때문입니다.

    1936년 7월에 스페인 공화국에 쿠데타가 일어났습니다. 공화파와 왕정을 옹호하는 군부 및 왕당파 간에 3년 동안 치열한 내전이 벌어졌습니다. 이 내전에 유럽의 여러 나라들도 대거 동참했습니다. 미국과 멕시코, 소련 등은 공화파를 지원한 반면, 독일과 이탈리아 등은 군부와 왕당파를 지원했습니다. 바야흐로 스페인 내전이 세계대전으로까지 비화될 위기에 처하게 되었습니다. 스페인은 원래부터 지역별로 색깔이 강했습니다. 그 중에서 스페인 북부의 바스코 지방은 공화파를 전폭적으로 지지했습니다. 내전이 발발한 이듬해인 1937년 4월 26일 오후 4시 30분경에 바스코 지방의 한 작은 마을인 게르니카에 폭탄이 투하되기 시작했습니다. 독일의 히틀러가 스페인의 군부 지도자인 프랑코 장군을 돕기 위해 최신 기종의 전투기를 보내서 엄청난 양의 폭탄을 투하한 것입니다. 그러나 명분은 그럴듯 했을지 모르지만, 실제로는 최신 비행기의 성능을 테스트해 보기 위해 그 작은 마을을 선택했던 것입니다. 이 불놀이에 흡족함을 느낀 히틀러는 곧 이어 제2차 세계대전을 감행하게 됩니다. 독일의 전투기는 이틀 동안 그 작은 마을을 맹폭했고, 게르니카는 잿더미가 되었습니다. 이 공습으로 게르니카 주민들의 2/3이상이 죽거나 부상을 당했습니다.

피카소는 이 공습의 참상을 전해들은 뒤 분노하면서 붓을 들었습니다. 붓을 든 그의 손과 마음이 덜덜 떨렸을 것입니다. 이렇게 해서 제작된 그림이 바로 〈게르니카〉였습니다. 그런데 이상하게도 피카소는 폭격을 퍼붓는 장면을 실사實寫처럼 그려내지 않았습니다. 더군다나 이 화폭에는 어떠한 폭격장면도 묘사되어 있지 않습니다. 다만 폭격이 끝난 뒤 널브러져 있는 사체들만 묘사되어 있을 뿐입니다. 피카소는 이렇게 짐승과 사람의 몸뚱아리를 해체시켰습니다. 그런데 그것이 묘하게도 짐승이 사람을 범하고 있는 것처럼 보입니다. 죽은 아이를 안고 있는 여인, 하늘을 향해 울부짖는 사람 등의 몸뚱아리들도 모두 해체되었습니다. 이렇게 해체된 추상적인 몸뚱아리들이 오히려 폭격으로 인해 살점이 떨어져 나가고 피가 뚝뚝 떨어지는 적나라한 모습보다 더 생생하게 폭격의 참상을 머릿속에 그리도록 만들어 줍니다. 이후에 피카소는 한국의 6·25 전쟁의 소식을 듣고서도 〈한국에서의 학살〉Massacre in Korea, 1951이라는 그림을 그렸는데, 여기서는 사람과 기계가 함께 군무를 추고 있는 것처럼 보이게 했습니다.

가인이 아벨을 살인한 사건에서도 알 수 있듯이, 고대로부터 살인은 모든 예술의 핵심 주제 중에 하나였습니다. 죽음, 구체적으로는 살인을 어떻게 묘사하는가가 그 시대의 분위기를 읽어낼 수 있는 키워드가 되기도 합니다. 우리가 잘 아는 영국의 대문호 셰익스피어William Shakespeare, 1564~1616의 『맥베스』도 살인을 다룬 이야기인데, 여기서 맥베스의 아내는 마녀들의 말을 듣고 왕을 살해한

후 밤에 깨어서 몽유병 환자처럼 자신의 손에 피가 묻어 있다고 미친 듯이 외칩니다. 14세기에 유행한 미술의 한 장르인 〈죽음의 춤〉에서는 죽음을 낯선 적으로 묘사하는 것이 아니라 우리 곁에 다가와 우리를 춤추게 하면서 낯선 곳으로 데리고 가는 것으로 묘사합니다. 죽음은 우리의 삶을 끝장내기 위해 찾아오는 원수가 아니라 우리의 삶을 낯선 곳으로 데리고 가는 여행 안내자로 간주된 것입니다. 중세인들은 죽음을 두려워하면서도 죽음을 친구처럼 생각했다는 것을 알 수 있습니다. 이런 점에서 우리는 삶을 억지로 끝장내는 죽음과 삶을 새로운 단계로 이끄는 죽음을 구분할 수 있어야 합니다. 각자의 죽음은 어느 누구도 동참할 수 없는 개별적인 것이면서 동시에 모두에게 너무나 보편적인 경험이라는 것을 제대로 풀어내는 것이야말로 예술의 사명이라고 할 수 있습니다.

현대문화, 살인을 미화하기 시작하다

현대사회는 '고위험사회'입니다. 인간을 행복하게 하기 위한 과학기술의 발달이 오히려 인간의 안전을 위협하고, 위험을 조장하고 있다는 것이 얼마나 아이러니합니까. 핵무기의 개발은 그 정점에 서 있다고 할 수 있습니다. 사람은 결코 손대지 말아야 할 영역을 건드리면서까지 자신의 능력을 자랑하고자 합니다. 그것이 결국 자신의 목줄을 죄게 될 것이라는 사실을 모른 채 말입니다. 사람은 결코 만들지 말았어야 할 것을 만듦으로써 지옥도地獄圖를 연출하고 있는 셈입니다. 한 순간에 세계 전체를 박살낼 수 있는 기술을 개발했다는 것이 결코 인류의 자랑이 될 수는 없습니다. 아니, 그것은 인류의 수치일 따름입니다. 그런데도 서로 상대방이 핵을 가지고 있으니 자신들도 가져야 한다고 목소리를 높입니다. '핵억지력'이란 말을 쓰면서 말입니다. 이렇듯 기술을 맹신하는 현대사회는 살인사회가 될 수밖에 없습니다.

핵의 위험이 멀리 떨어진 죽음의 위협이라면, 현대인들에게 보다 가까이 있는 죽음의 위협은 교통사고라 할 수 있습니다. 미국의 9·11 테러 이후 1년 동안 사람들은 비행기 테러의 위험을 피하기 위해 비행기 대신 자동차를 이용했습니다. 하지만 이로 인해 자동차 사고로 죽은 사람이 1,595명이나 더 늘었다는 통계가 있습니다. 비행기보다 자동차가 훨씬 위험했던 것입니다. 미국에서는 총기사고로 인한 희생숫자도 꽤 많습니다. 그런데 통계에 따르면, 그보다 훨씬 많은 수의 아이들이 집에 있는 수영장에서 사고로 죽는다고 합니다. 이로 보건대, 위험은 멀리 있는 것이 아니라 훨씬 가까운 곳에 있습니다. 고대의 전쟁들이나 중세의 흑사병과 같은 사건들과 비교해볼 때, 현대사회는 훨씬 더 안전하고 건강한 사회처럼 보입니다. 그럼에도 불구하고 현대인들은 그 어떤 시대의 사람들보다 더 큰 불안에 시달리고 있습니다.

현대사회의 또 다른 특징은 게임 산업이 전 지구적으로 발전하고 있다는 것입니다. 사람이나 짐승을 마구잡이로 죽이는 것을 즐기는 컴퓨터 게임이 수없이 출시되고 있습니다. 이 같은 격투와 전투 게임은 태초부터 내려오는 해묵은 선과 악의 대립상황을 보여준다고 할 수 있습니다. 영화로 만들어진 〈반지의 제왕〉과 그 후속편인 〈호빗〉 시리즈가 이것을 고전적으로 잘 보여줍니다. 물론 이런 영화와 문학작품이 지닌 잔인성을 비판하는 사람들도 있습니다. 하지만 더 심각한 것은 현대 예술에서 도덕성이 거세되고 있다는 것입니다. 각종 오락과 영화 등에서 사람의 목숨을 잔인하게 살해하는 일이 다반사입니다. 그런 장면을 넣지 않는 것이 이상할 정도입니다. 어떤 주제를 전개하든지 살인을 양념처럼 버무려 넣습니다. 그야말로 살인이 무차별로 난사亂射되고 있습니다. 흡사 죽음의 굿판을 벌이고 있는 듯합니다.

예술이 살인을 피하지 않는 것은 개인적인 앙심에서 살인하는 것을 넘어 누구나 거대한 폭력체제에 희생양이 될 수 있음을 고발하는 데 그 목적이 있습니다. 그러나 현대예술은 이러한 목적에서 도를 지나쳤고, 그로 인해 현대인들로 하여금 죽음을 무차별적으로 소비하게 만듭니다. 인간의 타락한 본성을 정확하게 짚어내어 형상화하기보다 오히려 힘과 완력을 자랑하도록 부추깁니다. 자신을 보호하기 위해서는 폭력에 의존할 수밖에 없다고 주장합니다. 우리는 지금까지 수 많은 핏빛 느와르 영화들을 보아왔습니다. 일본의 사무라이 영화를 필두로 주윤발, 유덕화 등이 열연했던 홍콩 느와르 액션 영화, 클린튼 이스트우드의 서부의 총잡이들을 다룬 영화들이 그렇습니다. 여기에 가세해 최근 조직폭력배의 세계를 다루는 한국의 오락영화도 한창 유행입니다. 많은 사람들은 이런 핏빛 영화들을 심심풀이 땅콩이라고 말합니다. 심심할 때 아무 생각 없이 이런 영화를 보면서 스트레스를 푼다는 것입니다. 하지만 이런 영화들은 타인의 죽음에 그다지 신경 쓰지 않습니다. 오히려 영웅이 등장하기 위해서는 무수한 죽음이 배경으로 필요하다고 생각합니다. 수많은 사람들의 희생 속에 영웅이 태어난다는 것입니다. 물론 그 영웅은 마음대로 살인을 해도 됩니다.

현대문화는 현대인의 고독과 비참을 해결하는 수단으로 자살과 낙태를 방조하고 부추기기까지 합니다. 자살을 대놓고 미화하지는 않지만, 낙태만큼은 대놓고 옹호합니다. 현대문화는 이렇게 사람의 생명을 가지고 쥐락펴락하면서 자신의 부가가치를 한없이 높여갑니다. 현대인들은 과연 이런 오락문화를 소비하면서 자신의 생명까지 함께 소비하고 있다는 것을 알기나 할까요?

기독교, 십자가로 생명의 문화를 창출해야

기독교만이 아니라 어떤 종교든지 살인은 아주 엄하게 정죄됩니다. 불교의 살생금지는 너무나 잘 알려진 사실입니다. 그런데 이상하게도 현대사회에서는 종교가 살인을 더 부추기는 경향이 있습니다. 비단 이슬람 극단주의자들이 자행하는 테러만을 두고 하는 말이 아닙니다. 어떤 종교든지 극단주의자들이 있기 마련입니다. 기독교도 예외가 아닙니다. 중세시대에 서방교회가 저지른 십자군 전쟁이 대표적인 경우입니다. 그것은 자신이 속한 종교단체를 유지하기 위해서 무력에 의지한 것이었습니다. 힘이 없어서 그렇지 힘이 있기만 하면 언제든지 힘을 사용하겠다는 것이 그들의 태도였습니다. 독일의 유명한 허무주의 철학자인 니체는 기독교 윤리를 노예의 윤리라고 매도했지만, 사실 역사적으로 기독교회는 그가 내세운 '힘에의 의지'와 그렇게 멀지 않았음을 알 수 있습니다. 기독교는 오히려 지배자의 윤리에 부역하는 등 '힘에의 의지'

에로 기울었던 적이 많았습니다. 제국주의에 편승했음은 물론, 죽음의 문화를 전 지구적으로 확산시키기도 했습니다.

고대사회에서부터 살인은 가장 큰 죄였습니다. 사람의 목숨을 앗아가는 것은 사람으로서 할 짓이 아니라고 생각했습니다. 그것은 오직 신에게만 속한 일이었습니다. 사람에게 사형선고를 내리는 법정 역시 신의 법정을 대리할 따름이었습니다. 여기서 종교가 중요한 역할을 했습니다. 종교가 신의 법정을 대신할 수 있다고 생각한 것입니다. 대표적인 것이 중세의 종교재판이었습니다. 이는 비단 중세에만 벌어진 일이 아닙니다. 최근까지도 이런 일이 자행되고 있습니다. 유럽의 화약고이자 인종과 종교의 도가니라고 불린 발칸반도에서 벌어진 보스니아 내전에서 그런 일이 일어났는데, 이 내전을 취재하면서 쓴 『네 이웃을 사랑하라』피터 마쓰, 1996라는 책에는 기독교인들이 이슬람교도들을 인종청소했음을 잘 보여줍니다. 이 사건은 기독교의 커다란 수치일 뿐만 아니라 우리가 짊어지고 가야 할 멍에이기도 합니다. 이슬람이 기독교를 그렇게 증오하는 데에는 이유가 없지 않습니다. 만일 당시에 이슬람교도들에게 힘이 있었다면, 기독교도들을 향해 똑같은 일을 자행했을까요? 이런 점에서는 일반인들보다 종교인들이 서로를 죽여야 하는 이유를 더 쉽게 찾아내는 것 같습니다. 자신들이 믿고 있는 신의 이름으로 살인을 정당화할 수 있기 때문입니다.

기독교 정신의 뿌리는 자신의 목숨을 많은 사람의 대속물로 내어주신 그리스도의 십자가 사랑에 있습니다. 이 사랑은 태초에 하나님께서 사람을 자신의 형상으로 지으신 사랑으로 거슬러 올라

갑니다. 하나님의 형상으로 지음 받았기에 사람은 자신의 생명뿐만 아니라 타인의 생명까지도 소중하게 생각하고 대해야 합니다. 자신의 생명이든 타인의 생명이든 빼앗는 것은 단순히 생명을 멸시하는 것일 뿐만 아니라 그 생명을 주신 하나님을 향한 도전입니다. 우리가 사형제 폐지에 동의할 수 있는 근거도 바로 여기에 있습니다. 사람이 아무리 큰 죄를 지었다 하더라도 그에게서 하나님의 형상으로 회복될 가능성마저 빼앗아서는 안 되기 때문입니다. 설령 그것이 칼의 권세를 받은 국가의 권위라고 해도 말입니다. 기독교인들은 삶과 죽음이 다르지 않다고 생각하기 때문에 죽음을 담담히 받아들이는 것이 아닙니다. 우리는 하나님의 형상대로 회복될 날을 소망하면서 끈질기게 뭇 생명을 살려내기 위해 몸부림쳐야 합니다.

 기독신자는 십자가와 더불어 삽니다. 십자가가 너무나 친근하게 되어 아예 그것을 액세서리로 달고 다니기도 합니다. 그런데 종교개혁자 루터는 십자가 신학을 강조하면서 그것을 영광의 신학과 대조시켰습니다. 당시의 로마교회가 자신의 영광을 추구하는 영광의 신학에 사로잡혀 있었기 때문입니다. 그렇습니다. 영광의 신학과 달리 하나님께서는 인간의 약함 가운데 자신을 나타내셨습니다. 인간이 되시고, 인간의 모든 고통과 진노를 다 짊어지실 만큼 우리와 같아지셨습니다. 십자가 신학은 이러한 하나님, 곧 우리에게 낯선 하나님, 고난 가운데서 우리에게 다가오시는 하나님을 알게 해줍니다. 우리에게 필요한 것이 바로 이러한 십자가 신학, 십자가 문화입니다. 십자가 신학은 가학적이면서 동시에 피학적인 문화를 조장하는 것이 아니라, 고통과 고난이 우리 삶의 중심에 있다는 것을 알게 해줍니다. 그것은 쉽게 생명을 포기하는 것이 아니라, 참된 생명과 삶을 위해 고통과 고난을 기꺼이 받으려고 하는 것입니다.

  십자가 문화는 생명을 살리는 문화입니다. 내가 죽어서 남을 살리는 문화입니다. 기독교인들에게 주어진 사명은 생명의 문화를 창출하는 것입니다. 교회의 예배와 모든 활동에 생명의 문화가 자리 잡아야 합니다. 청소년들의 수련회에 위험천만한 게임이나 프로그램을 넣는 일이 많지 않습니까? 밋밋했다는 말을 듣지 않으려고 자극적이고, 심지어 위험한 프로그램을 동원하지 않습니까? 선교 프로그램도 마찬가지입니다. 뭔가 선교했다는 뿌듯한 마음을 가지도록 하기 위해 타종교인을 자극하는 위험한 일을 감행하지는 않습니까? 이런 것들은 무엇보다 생명을 존중하는 기독교의 십자가 문화와 어울리지 않습니다. 현대문화는 죽이기 위한 이유를 제공하기에 여념이 없습니다. 우리는 그런 문화를 온 몸으로 저지해야 합니다. 죽음이 기승을 부리는 이 세상에 하늘생명을 선보여야 합니다. 다들 내가 살아남기 위해 남을 죽이려고 할 때에 우리는 남을 위해 죽는 것이 무엇인지를 증거해야 합니다. 그것이 십자가입니다. 세상 사람들이 십자가를 연상하면서 죽임이 아니라 살림을 떠올려야 하지 않을까요? 신자는 십자군이 되어야 할 것이 아니라 십자가를 살아내어야 합니다.

좀 더 생각해 볼 문제

1. 피카소가 살인과 전쟁에 대해 분노하며 그림으로 표현했습니다. 전쟁을 고발하는 문학이나 그림, 영화 등을 알고 있다면 나누어봅시다. 죽음을 구체적으로 묘사하는 것이 바람직할까요? 살인에 대한 묘사는 어떤 방식이 좋을까요?

2. 예술은 죽음이나 살인을 묘사하기를 즐기는데, 현대문화에서 살인이 어떻게 소비되고 있는지 나누어봅시다. 아이들이 전쟁이나 살인하는 게임을 즐기는 것을 보면서 '전쟁 영성'이라는 것을 말할 수 있을까요? 선과 악의 투쟁에 동참하는 것 말입니다.

3. 교회는 생명을 존중하는 문화를 확산시켜야 합니다. 그런데 교회에서 생명을 경시하는 행태가 있지 않나요? 어떤 것들이 그럴까요? 죽음에 대한 잔인한 묘사라고 할 수 있는 십자가가 어떻게 생명 존중 문화의 아이콘이 될 수 있을까요?

제7계명

거룩한 몸의
귀환을 기다리다

"간음하지 못한다."
출애굽기 20장 14절(새번역)

"사랑에다 몸을 던졌으니 그 사랑에 사로잡히기를 갈망하던 중이었습니다. 저의 하나님, 제 자비이시여, 주님께서는 그토록 선한 분답게 저의 그런 감미로움에다 얼마나 쓰디쓴 쓸개를 뿌려 주셨는지요."
아우구스티누스의 『고백록』(경세원, 2016) 중에서

몸이 수난을 당하고 있는 시대입니다. 아니 몸이 호사를 누리고 있는 시대라고 말하는 것이 더 맞을 것입니다. 한껏 혹사를 당하던 사람의 몸이 이제는 온갖 호사를 다 누리고 있습니다. 몸을 아름답게 보이게 하려고 온갖 것들로 치장하는가 하면, 몸을 편리하게 하려고 온갖 것들을 개발하고 있습니다. 한쪽에서는 온갖 것들로 몸을 치장하는가 하면, 다른 쪽에서는 어떻게든 치장을 벗기고 알몸 그대로를 드러내려고 합니다. 누가 잘 벗기냐 하는 것이 경쟁의 기준이 되기까지 합니다. 여하튼 어느 쪽으로든 사람의 몸은 이제 사고파는 하나의 상품이 되어버렸습니다. 장사치들은 사람의 몸을 팔기 위해 전시하고, 소비자들은 그것을 사서 즐기는 재미에 푹 빠졌습니다. 상황이 이렇다보니 너나 할 것 없이 자신의 몸값을 올리기 위해 필사적으로 매달립니다. 얼굴을 뜯어 고치고, 조각 같은 몸을 만들려고 애를 씁니다. 하지만 그럴수록 몸뚱아리의 가치는 오히려 곤두박질칩니다. 이것도 역시 돈 놓고 돈 먹는 게임입니다. 옛날에는 노예를 사서 부려먹다가 필요가 없어지면 그냥 버리곤 했습니다. 오늘날에는 사람의 몸을 사서 부려먹다가 필요가 없어지면 무자비하게 버립니다.

몸의 신비를 완전히 제거해버린 현대문명의 종착지는 어디일까요?

마네, 여인의 몸을 훔치다

19세기 말의 근대 부르주아 문화는 갈 길을 찾지 못하고 방황하고 있었습니다. 서구사회는 산업혁명과 계몽주의를 겪으면서 삶

에두아르 마네, 〈풀밭 위의 식사〉
1863년, 캔버스에 유채, 208cm × 263.5cm
파리, 오르세 미술관

이 급속도로 바뀌고 있었습니다. 하지만 정작 그 삶을 설명해줄 새로운 표현법은 아직 나타나고 있지 않았습니다. 홀로 있다는 느낌과 쉴 새 없이 바뀌는 인상을 표현해줄 방법이 없었습니다. 이러한 때에 도시생활의 불안함을 제대로 표현해낸 사람이 있었는데, 그가 바로 화가 에두아르 마네Édouard Manet, 1832~1883였습니다.

마네는 도시생활의 출구로서 야외의 풀밭으로 소풍을 간 남녀들을 그렸습니다. 그런데 그 중 한 여인이 벌거벗은 채로 있습니다. 그녀는 무릎을 꺾어서 팔꿈치를 올려놓고, 손끝으로는 턱을 괜 채 관람객을 바라보고 있습니다. 이 그림에서 마네는 원근법을 과감하게 생략했습니다. 뿐만 아니라 색조와 형태를 단순화하는 형식의 파괴를 감행했습니다. 무엇보다 그는 그림의 주제를 완전히 바꾸어 놓았습니다. 나중에 그는 근대 회화의 아버지라는 명칭을 얻게 되지만, 당시에는 이 〈풀밭위의 식사〉라는 유화로 인해 관람자들과 비평가들로부터 욕이란 욕은 다 들었습니다. 보기에 민망한 그림을 그렸다는 것 때문이 아닙니다. 마네가 자신들과 같은 부르주아들의 위선적인 모습을 조롱한다고 생각했기 때문입니다. 하지만 이후에 피카소를 비롯하여 수많은 화가들은 물론, '심슨 가족'과 같은 시트콤이나 '입생 로랑'Yves Saint Laurent이나 '크리스찬 디오르'Christian Dior 같은 유수의 디자인 회사들까지 이 〈풀밭 위의 식사〉를 광고카피로 사용했습니다. 〈풀밭 위의 식사〉는 현대성의 상징과도 같은 그림이 된 셈입니다.

마네는 어떻게 이런 그림을 그릴 생각을 했을까요? 물론 화폭에 여인의 나체가 등장하는 것은 처음 있는 일이 아니었습니다. 고대로부터 화가들은 종종 나체를 그렸습니다. 여인의 나체뿐만 아니라 남성의 나체도 흔하게 등장했습니다. 하지만 나체로 등장하는 대부분의 여인들은 그냥 평범한 여인들이 아니라 여신들이었습니다. 실오라기 하나도 걸치지 않은 나체를 부끄러움 없이 바라볼 수 있는 것은 이들이 여신들이었기 때문입니다. 마네 역시 라파엘로의 〈파리스의 심판〉과 티치아노의 〈전원 음악회〉1503년에 등장하는 나체의 여신들을 흉내 내어 그렸습니다. 하지만 문제는 마네의 그림 속에 등장하는 나체는 여신이 아니라 당시에 실재하던 모델이었다는 사실입니다. 대체 어떤 여인이 이렇게 야외에서 남자들이 보는 앞에서 벌거벗겠습니까? 실내에서 나체가 되어 화가 앞에 서는 것도 아닌데 말입니다. 어쨌든 중요한 것은 마네가 역사상 최초로 실존 여인의 벌거벗은 몸을 공중 앞에 드러내었다는 것입니다. 구경거리로 말입니다.

고대로부터 사람의 몸, 특히 벌거벗은 몸은 매혹의 대상이었고 예술의 주요한 주제였습니다. 그리스인들은 우람한 몸에서 뿜어져 나오는 강력한 힘을 보면서 신적인 것의 상징으로 생각했습니다. 사람을 흠뻑 빠져들게 하는 몸매의 아름다움도 마찬가지였습니다. 그리스인들은 어떤 주제를 그리든지 그 속에는 나체의 사람들이 종종 등장했습니다. 화가들이 사람들에게 옷을 입힌 것은 그렇게 오래되지 않았습니다. 고대에는 나체를 그려도 그것이 사람들의 말초적인 감각을 자극하지 않았습니다. 마네의 그림에서도 나체의 여인은 가장 편한 포즈를 취하고 있을 뿐입니다. 남자를 유혹하는 어떤 눈짓도 없습니다. 하지만 근대문화가 발전하면서 사람에게 옷을 입히고 각종 장식과 치장이 발전하면서 상황이 바뀌었습니다. 한편으로는 몸을 가리면서, 다른 한편으로는 가려진 몸을 탐하는 문화가 발전하기 시작한 것입니다. 근대 이후에도 벌거벗음을 찬양하는 이들이 여전히 있었습니다. 그들은 몸을 가리는 것을 자연을 거스르는 인위적인 문명의 태도라고 생각했습니다. 벌거벗은 몸을 통해 자연 상태로 회귀하기를 원했습니다. 이런 순진한(?) 생각이 사람들에게 더 많은 눈요깃거리를 가져다주었습니다.

현대문화, 간음을 부추기다

현대문화는 몸의 노출을 통하여 미를 찬양하거나 예술을 한다기보다 돈 장사를 합니다. 그저 몸을 탐하는 문화일 뿐입니다. 「플레이보이」 잡지의 성공은 현대인들이 얼마나 관음증에 시달리고 있는지를 잘 보여줍니다. 최근에는 그 잡지의 매출이 급락하면서 노출의 수위를 줄였더니, 오히려 매출이 신장되었다고 합니다. 이로 보건대 사람들은 완전한 노출에 그만큼 식상해졌고, 그보다는 아슬아슬하게 보일 듯 말 듯한 것에 더 쾌감을 느낀다고 할 수 있습니다. 한국에서도 한때 「선데이서울」과 같은 황색저널잡지가 뭇 남자들의 관음증을 충족시켜 주던 때가 있었습니다. 초·중·고등학생들도 형들을 통해 얻은 그런 잡지들을 돌려보곤 했습니다. 지금은 '야동'이라고 불리는 동영상 파일에 언제든지 접촉할 수 있으니 격세지감이 아닐 수 없습니다.

현대문화가 여성의 몸을 도구화한 지는 오래된 일입니다. 현대문화는 사람의 몸을 한편으로는 기계처럼 다루어 노예화하는 반면, 다른 한편으로는 성적 도구로 만들어 노예화하고 있습니다. 최근에는 어린 걸그룹들이 자신들의 몸을 노출시켜 수많은 오빠(?)들의 관음증을 충족시켜 주고 있습니다. 뿐만 아니라 어린아이들조차도 싸이의 <강남스타일>에 등장하는 말춤을 추기 좋아합니다. 어릴 때부터 멋모른 채 노골적으로 성욕을 자극하는 표현들을 따라하고 있는 것입니다. 탐정소설이나 스파이 영화 같은 것을 보면, 늘 미모의 여인이 등장하곤 합니다. 007영화의 '본드걸'이 대표적입니다. 악의 세력을 제거하도록 임무를 맡은 007이 고군분투하며 거창한 임무를 완수하고 나면, 꼭 미모의 여인과 육체적인 관계를 가지는 장면으로 끝이 납니다. 하나의 보상인 셈이지요. 물론 007은 임무를 수행하는 와중에도 여자와의 관계를 자제하지 않습니다. 충만한 성욕이야말로 그만큼 임무에 열정을 지니고 있음을 표현해주기 때문입니다.

상업화된 현대 스포츠 역시 여성의 몸을 도구화합니다. 과거 독재정권이 3S, 곧 섹스Sex, 스포츠Sports, 스크린Screen으로 국민들을 탈정치화했다는 말은 과장이 아닙니다. 현대 스포츠와 대중문화는 성산업을 끼고 발전하고 있습니다. 예를 들면, 한국의 프로야구 구장에는 항상 치어리더들이 등장합니다. 그들이 열심히 몸을 흔들어 주어야 구경하는 관중들이 더 신나게 응원할 수 있습니다. 권투시합에서도 마찬가지입니다. 한 라운드가 끝나면 라운드걸이 나와서 온 몸을 흔들면서 라운드를 돌아주어야 다음 라운드가 시작됩니다.

현대 광고에서 주된 흐름은 단연코 소위 말하는 '섹스어필'입니다. 서양의 기독교 문화는 이런 섹스어필을 그렇게 거부하는 것 같지 않습니다. 반면, 이슬람교도들은 이런 문화를 그들의 청년들과 자녀들을 오염시키는 사탄의 문화라고 간주하며 억제하고 있습니다. 할리우드로 대표되는 현대의 서양문화는 기독교적인 배경에서 나왔습니다. 그런데 오늘날 할리우드는 한 남자와 한 여자가 결혼하여 사랑 안에서 부부관계를 가지는 것을 바람직한 것으로 보지 않습니다. 오히려 성경에 나타나는 남녀관계가 너무나 가부장적이고, 여성을 억누른다고 비판하기에 여념이 없습니다.

남성위주의 사회에서 여성은 어떻게 전쟁을 수행하고 있나요? 여성은 그들이 남성의 욕구를 충족시키는 하나의 도구로 전락한 것에 얼마나 문제제기를 하고 있나요? 페미니즘은 성의 도구화를 비판하면서 어떤 답을 제시하고 있나요? 미스코리아 선발대회를 거부하는 이들은 눈요깃거리가 된 여성의 몸을 어떻게 바꾸고 있나요? 그런데 여성해방운동이 성의 도구화를 반대하면서 성의 자유로운 사용으로 그 운동의 방향을 잡는다면, 지금과 같은 성문화를 결코 극복할 수는 없을 것입니다. 얼마 전까지만 해도 서양과 달리 동양에서는 간음죄가 크게 문제가 되었습니다. 그러나 이제는 동서양을 막론하고 육체에 집착하는데 여념이 없습니다. 한국에서 간통죄가 폐지된 것도 이런 맥락에 서 있습니다.

기독교, 결혼식을 기독교 문화로 만들어야

하나님께서는 사람을 독특하게 지으셨습니다. 흙으로 사람의 몸을 지으시고 그 코에 생기를 불어넣으셔서 '생물'생령이 되게 하셨습니다. 사람은 하나님께서 지속적으로 생기를 불어넣으셔야만 사람다울 수 있다는 말입니다. 그런데 이 '생물'생령이라는 단어는 구약성경에서 종종 '목구멍'을 가리킬 때 쓰기도 합니다. 여기서 '목구멍'은 일반적으로 갈망을 표현합니다. 따라서 사람은 하나님을 갈망하는 존재로 지어졌다는 사실을 알 수 있습니다. 타락한 이후에도 이 갈망은 줄어들지 않았습니다. 단지 방향을 잘못 잡아서 표출될 뿐입니다. 그것이 바로 온갖 종류의 미신과 우상숭배입니다. 하나님께서는 사람의 몸에 성적인 기능을 주셨습니다. 또한 남자를 통해 여자를 지으셨습니다. 그리고 남녀의 성적인 결합을 통해 후손을 이어가도록 하셨습니다. 따라서 남녀의 성적 차이가 없으면 인류는 존속할 수가 없습니다.

최근에 일어나는 가장 뜨거운 이슈 중 하나가 동성애 문제입니다. 기독교내에서도 동성애에 찬성하느냐, 반대하느냐를 두고 팽팽하게 나뉘고 있습니다. 아직까지 한국의 정서에서는 동성애를 용납하고 있지 못하지만 말입니다. 하지만 최근 미국 연방법원에서 동성애를 합헌이라고 판결하고, 이를 미국의 승리라고 자찬하는 모습에서 한국의 기독교도 위기감을 느끼게 되었습니다. 동성애가 죄악이라고 발언할 경우 세상법정에 서야 하는 상황이 한국에서도 일어날 수 있다는 경각심 때문입니다. 오늘날 믿지 않는 사람들은 동성애를 소수자의 인권이라는 관점에서 접근합니다. 하지만 그들도 이성간의 관계가 아니고서는 자녀를 출산할 수 없다는 사실만큼은 부인하지 않습니다. 동성애자들은 자녀를 입양할 수는 있어도, 자녀를 출산할 수는 없습니다. 사람은 한 남자와 한 여자가 결합함으로써 하나님의 창조역사에 동참하고, 그 창조역사를 이어가는 것입니다. 비록 남성과 여성의 차이를 하나님의 형상이라고 말할 수는 없지만, 남녀가 서로를 되비추면서 하나님의 형상을 구현한다는 사실만큼은 분명합니다.

우리는 사람의 몸을 성의 도구로만 보아서는 안 됩니다. 몸이 중요한 것은 그 몸이 하나님의 형상을 드러내는 유일한 기관이기 때문입니다. 어떤 사람은 몸이 아니라 영혼이 인간됨의 핵심요소라고 말할지도 모르겠습니다. 하지만 그것은 결코 기독교적인 생각이 아닙니다. 오히려 그것은 그리스적인 사고방식입니다. 그리스 사상은 몸을 죄악시하고, 몸속에 있는 영혼이 몸으로부터 해방되는 날을 기다립니다. 그리스인들이 영웅적인 죽음을 동경하고, 심지어 자신들의 죽음마저 편히 받아들일 수 있었던 이유가 여기에 있습니다. 죽는 날이야말로 몸에 갇혀 있었던 그들의 영혼이 해방되는 날이라고 보았기 때문입니다. 그렇다 하더라도 죽음은 여전히 그들에게도 낯선 것이었을 테지만 말입니다.

기독교 사상은 창조와 함께 타락의 실재를 믿습니다. 사람이 타락했기 때문에 사람의 몸도 죄악된 몸이 되었습니다. 하지만 타락의 책임이 몸에만 있는 것이 아닙니다. 타락은 전인격적인 것입니다. 몸과 영혼은 타락 이전에나 이후에나 나누어지지 않습니다. 사람은 항상 전인으로 존재합니다. 몸이 없으면 영혼 또한 아무 짝에도 쓸모없습니다. 더군다나 사람은 몸을 통해서만 자신을 드러낼 수 있습니다. 몸은 사람의 모든 것이 결집되는 처소요, 사람의 모든 것을 표현해내는 유일한 도구입니다. 타락이 몸을 포함한 전인의 타락이었다면, 구원 역시도 몸을 포함한 전인의 구원일 수밖에 없습니다.

성경은 결혼 이전에 범한 간음이든지, 결혼 이후에 범한 간통이든지 성과 관련해서 범한 죄는 모두 자신의 몸에 죄를 짓는 것이라고 말합니다. 다른 모든 죄들은 자신의 몸 밖에서 죄를 짓는 것이지만, 간음의 죄는 자신의 몸에 죄를 짓는 것이라고 한 바울의 말고전 7:18을 잘 새겨야 합니다. 예수님께서도 마음으로 음욕을 품으면 이미 간음한 것이라고 설명하심으로써 간음죄를 마음의 문제로까지 끌고 가셨습니다. 그렇기 때문에 우리는 간음죄로부터 결코 자유로울 수 없습니다.

그렇다면 하나님께서 인간을 간음죄를 지을 수밖에 없는 성적인 존재로 만들어 놓고는 그들로 하여금 번민하면서 살도록 해 놓으신 것일까요? 그렇지 않습니다. 하나님께서는 현실적인 분이십니다. 하나님께서는 부부생활을 통해 성욕을 해소할 수 있도록 하셨습니다. 하나님께서는 성을 아름답게 창조하셨을 뿐만 아니라 그것을 아름답게 사용하라고 말씀하셨습니다. 따라서 신자는 성을 중요하게 생각하고, 성을 통해서도 하나님께 영광을 돌릴 수 있어야 합니다. 몸과 성을 어떻게 사용하느냐는 기독교인의 영성을 결정하는 중요한 요소입니다. 이미 결혼한 사람들은 자신의 몸을 자신의 것이라고 주장할 수 없다는 사실을 알아야 합니다. 결혼한 이후에 자신의 몸은 자신이 주장하는 것이 아니라 배우자가 주장합니다. 자신의 몸은 자신의 것이 아니라 배우자의 것입니다. 둘이 하나가 되었기 때문입니다.

뿐만 아니라 성경은 부부의 관계가 그리스도와 교회의 관계를 드러내기 위해 의도되었다고 말씀하고 있습니다. 어느 누가 이 천상의 신비를 다 알 수 있을까요? 기독교가 이 세상에 줄 수 있는 가장 큰 선물은 사람의 몸이 거룩해질 수 있다는 것을 알리는 것입니다. 따라서 신자는 거룩한 몸의 귀환을 위해 일하는 문화선교사(?)가 되어야 합니다. 그것이 하나님께 영광을 돌리는 것이요, 그리스도를 닮는 것이요, 성령으로 충만한 것입니다.

오늘날의 결혼식이야말로 세상 문화가 어떠한지를 아주 분명하게 보여줍니다. 어느 덧 신랑신부가 하나가 되는 결혼식은 신분의 격차를 분명하게 시위하는 예식이 되어가고 있습니다. 심지어 교회 안에서조차 그동안 결혼식에 부조한 것 때문에 교회를 떠나려고 해도 떠날 수 없다고 공공연하게 말하는 사람들이 있습니다. 예배당에서 결혼하는 것을 피하려고 하는 것은 기본입니다. 이런 상황에서 기독교회는 무엇보다 결혼식을 제대로 회복해야만 하겠습니다. 즉 목사의 주례 하에 말씀의 교훈을 받으면서 두 사람이 하나가 되는 예식의 아름다움을 분명하게 보여주어야 합니다. 그럼으로써 교회에서 이루어지는 결혼식을 세상 문화를 거스르는 것으로 삼아야 합니다.

좀 더 생각해볼 문제

1. 마네가 여인의 나체를 공개적으로 그린 이유를 생각할 때, 나체를 대하는 우리의 태도는 어떠해야 할까요? 그림에서 여인의 몸을 어느 정도로 노출시킬 수 있을까요? 나체화를 공적인 장소에 걸어놓는 것이 바람직할까요?

2. 현대문화는 사람의 몸을 상업화하고 있습니다. 오늘날 스포츠가 사람의 몸을 사고 파는 것을 보면 고대의 노예시장과 하나도 다를 바가 없습니다. 현대문화의 몸의 상품화, 성의 상품화를 어떻게 거스를 수 있을까요?

3. 교회가 신자들에게, 또한 부모가 자녀에게 몸과 성의 중요성을 잘 가르쳐야 합니다. 신자는 연애를 어떻게 하고, 어떻게 결혼식을 가지는 것이 좋을까요? 깨어진 가정, 짓밟힌 몸을 어떻게 회복할 수 있을까요?

제8계명

도둑 아닌 사람이 없다

"도둑질하지 못한다."
출애굽기 20장 15절(새번역)

"어느 사회의 발전이 모든 문명사회가 지향하는 쪽으로 이루어지고 물질적 진보의 규모가 커지면 빈곤도 증가하게 된다. 일부 사람의 생활은 무한정으로 개선되고 편리해지지만 나머지 사람들은 생계를 꾸려 나가기도 힘들게 된다."
헨리 죠지의 『진보와 빈곤』(비봉출판사, 2013) 중에서 누가 도둑일까요? 남의 집의 담을 넘는 도둑은 고전적인 도둑입니다. 그런 잡범들은 이제 소외를 느낄 만도 합니다. 도둑의 세계가 엄청나게 진화하고 있기 때문입니다. 도둑인 듯 도둑 아닌 도둑 같은 이들이 너무나 많습니다. 마치 현대기술문명이 합법적인 도둑들을 양산하고 있는 것처럼 보이기까지 합니다. 한 나라의 법체계가 그와 같은 도둑들을 따라잡을 수가 없습니다. 도둑들의 발 빠른 진화와 그들의 지형도를 그려내기 위해서는 무한한 상상력이 필요합니다. 머리가 뛰어난 이들이 해킹에 동원되고, 더 뛰어난 이들이 해킹하는 이들을 잡는 프로그래머로 고용됩니다. 현대기술문명으로 인해 새로운 직업이 계속해서 만들어지고 있는 셈입니다.

이처럼 모든 것이 얽히고설킨 현대사회에서 우리는 과연 남의 것을 훔치지 않고 살아갈 수 있을까요? 남의 것을 훔치는 것과 남의 것을 이용하는 것의 경계를 선명하게 그을 수 있을까요?

워홀, 대량복제시대를 그리다

과거처럼 단순하게 눈에 보이는 남의 물건을 훔치는 것을 도둑질이라 하면, 누가 도둑인지 쉽게 구분할 수 있겠지만, 오늘날처럼 눈에 보이지 않는 지적인 재산을 훔치는 것까지 도둑질이라 하면, 누가 도둑인지 그 경계를 정하기가 쉽지 않습니다. 어쩌면 현대사회에서는 도둑이 아닌 사람이 드물 것입니다. 그만큼 남의 아이디어를 도용하는 일이 비일비재하게 일어나고 있다는 말입니다. 책을 저작하는 이들도 남의 아이디어를 도용하는 도둑질을 쉽게 범할 수 있습니다.

앤디 워홀, 〈마릴린 먼로〉
1967년, 종이 위에 스크린인쇄, 91.5cm X 91.5cm(매 그림마다)
뉴욕, 현대미술관(MoMA)

미국에서 슬로바키아의 이민자 가정에서 태어난 앤디 워홀 Andy Warhol, 1928~1987은 현대대중문화를 기가 막히기 그림으로 표현한 사람입니다. 그는 뉴욕에서 밀러사의 구두광고를 맡아 상업 디자이너로 성공을 거두었습니다. 그런데 갑자기 그것을 내려놓고는 이내 미술가로 변신하게 됩니다. 워홀은 당시 가장 흔한 상품이었던 캠벨 수프 깡통을 수 십 개 늘어놓은 그림을 그림으로써 사람들을 당황케 했습니다. 사람들은 그런 것도 그림이 될 수 있다는 사실에 깜짝 놀랐습니다. 마치 광고가 그림 속으로 쑥 들어온 것과도 같았습니다. 이후로도 워홀은 다른 미술가들과는 달리 당시의 섹스심벌이었던 배우 마를린 먼로나 중국의 유명한 정치가 마오쩌둥의 초상화를 실크 스크린으로 대량 제작했습니다. 그 뒤 워홀은 스스로 프린팅회사를 차려서 자신의 작업을 대중화하는 일에 박차를 가했습니다.

  워홀의 작업으로 인해 소위 말하는 고급예술과 대중예술의 벽이 허물어져 버렸습니다. 워홀은 복제품이 원본보다 더 값비싸게 팔리는 시대를 내다보았던 것일까요? 워홀의 인기를 반영이라도 하듯 지폐를 소재로 그린 그의 회화 작품인 〈1달러 지폐〉가 2015년 7월에 소더비Sothby's: 세계 최대의 미술품 경매 회사가 영국 런던에서 주최한 현대 미술품 경매에서 3,260만 달러약 380억4000만원에 낙찰되기도 했습니다.

  앤디 워홀이 한 것과 같은 작업을 미술사에서는 '팝 아트'라고 부릅니다. 1950년대 영국에서 탄생한 팝 아트는 대중문화를 미술에 끌고 들어왔습니다. 현대인의 생활에 깊숙이 들어온 광고와 디자인, 만화, 영화 등을 미술의 소재로 삼은 것입니다. 이런 작업은 순수예술이나 엘리트예술의 관점에서 볼 때는 예술을 모독하는 행위였습니다. 하지만 팝 아티스트들은 그런 것에 신경쓰지 않고 스스로 딴따라가 되기로 작정했습니다. 그것이야말로 전후 현대 대중자본주의 문화를 가장 잘 구현하는 길이라고 믿었기 때문입니다. 팝 아트는 추상抽象을 탈피하고 구상具象에 매진했습니다. 아이러니하게도 그로 인해 팝 아트는 창조물보다는 복제물을 생산해냈습니다. 창작의 길을 버리고 복제의 길을 선택한 셈입니다. 물론 이것은 팝 아티스트들이 의도한 것이기도 했습니다. 실력이 없어서 창작의 길을 포기한 것이 아니라 현대기술문명의 대량복제를 피할 길이 없다는 항변이었던 것입니다.

자고로 예술은 그 어떤 영역보다도 창작을 중요시하는 분야였습니다. 예술 역시 처음에는 모방에서 시작하겠지만, 누가 뭐래도 그것의 궁극적인 목적은 창작에 있었습니다. 이전 것을 모방하면서도 그것을 넘어서는 창조력을 선보이는 것이 예술의 목적이었습니다. 흔히들 예술의 창조성을 하나님의 창조행위에 비유하지 않습니까? 그런데 서양에서는 제1, 2차 세계대전을 거치면서 이 모든 창조행위라는 것이 얼마나 부질없는 것이었는 지가 여실히 드러나게 되었습니다. 인간성을 낙관하고 인간의 창작의욕을 고무시켰던 지금까지의 노력이 쓸데없는 짓이라는 것이 판명되었습니다.

이로써 전후 서구의 예술은 이전까지 칭송하던 장인, 혹은 창작욕을 한갓 신기루에 불과하다고 생각했습니다. 현대인의 욕구와 취향을 잘 드러내는 대중문화와 대량생산소비체제를 긍정적으로 묘사하는 것이 그나마 진실한 것이라고 생각하게 되었습니다. 다시 말해 현대예술은 아름다움과 추함, 창작과 모방의 구분 자체를 넘어서 버린 것입니다. 오히려 현대예술가들은 복제품을 다시 복제하는 것에서 자신들의 창작성을 드러내기에 여념이 없습니다. 어느 덧 현대사회에서는 복제품을 어떻게 잘 복제하느냐가 성공의 척도가 되었습니다.

현대문화, 합법적인 도둑들을 양산하다

현대사회는 눈이 핑핑 돌아갈 정도로 끊임없이 발전하고 있습니다. 쉬지 않고 새로운 기술들이 개발되고 있습니다. 어지간해서는 그 발전 속도를 따라잡을 수가 없습니다. 궁여지책으로 국가에서는 직업교육소를 지원하면서 무료로 사람들에게 직업교육을 시키고 있습니다. 하지만 이는 눈 가리고 아웅하는 것에 불과합니다. 사람들에게 허드렛일을 시키기 위한 교육밖에 할 수 없기 때문입니다. 엄청난 자본을 들여 몇몇 필수기술을 독점한 곳이 아니고서는 새로움을 기대할 수가 없습니다.

애플과 삼성이 스마트폰 기술의 특허를 놓고 서로 자신의 권리를 침해했다고 고소한 사건을 통해 볼 수 있듯이, 서로 자기네 기술이 원천이라고 주장합니다. 오늘날에는 개인이든 기업이든 서로 자신들이 개발한 새로운 기술을 특허로 출원하여 남이 도둑질하지 못하도록 방어하기에 여념이 없습니다. 그럼으로써 신규업체들의 진입을 원천적으로 막고자 합니다. 따라서 전적으로 새로운 패러다임을 만들지 않는 한에서는 이미 앞서가고 있는 대기업이나 대기술을 피해갈 수 없는 상황입니다. 이렇듯 아이러니하게도 기술위주의 문명이 오히려 독창성과 창조정신을 획일화하는 문화를 만들고 있는 셈입니다.

복제문화, 복사문화의 뿌리에는 자본주의 문화가 자리 잡고 있습니다. 수많은 창작과 특허라는 것도 결국에는 돈으로 탈취한 것이 부지기수입니다. 남의 창작과 특허를 돈으로 탈취하여 자신의 것이라고 주장하면 어느 누구도 대들지 못합니다. 이후의 법정공방도 결국에는 돈으로 좌지우지될 것이기 때문입니다. 자본주의 문화는 돈 놓고 돈 먹는 문화입니다. 돈이 곧 특허입니다. 이런 문화에서는 합법적인 도둑들이 수없이 양산될 수 밖에 없습니다. 대표적인 도둑들이 시중은행과 금융대부업체들입니다. 그들은 자신들의 쥐꼬리만한 신용을 무한대로 늘여서 돈벌이를 하고 있습니다. 정부가 이들 업체들을 합법적으로 승인해주고 있기 때문에 다들 이들 업체에서 돈을 빌리려고 안달입니다.

국가의 기능이 너무 커져서 국민이 세금으로 낸 천문학적인 돈이 술술 새어나가는 것도 합법적인 도둑질 중 하나라고 할 수 있습니다. 눈먼 돈이 너무나도 많습니다. 정부산하 각종 기관들의 행태를 보십시오. 새로운 정권이 들어서면 거기에 달라붙는 이름 모를 각종 유령단체들이 정부보조금을 수 십 억씩 꿀꺽 꿀꺽 삼키는 일이 비일비재합니다.

현대 자본주의 문화의 꽃이라고 할 수 있는 광고 역시 합법적인 도둑질의 한 양상입니다. 제품의 광고에서 무엇보다 우선되어야 하는 것은 그 제품에 대한 정확한 소개여야 합니다. 앞에서도 기술에 대해 잠깐 이야기했지만, 사실 획기적인 기술이 적용된 제품은 거의 없기 때문에 대부분의 제품이 크게 차이가 나지 않는 것이 현실입니다. 따라서 무엇보다 인지도가 제품의 판매에 중요하게 작용합니다. 기업의 인지도와 이미지에 따라 제품의 가격이 크게 차이가 납니다. 그렇기 때문에 현대광고는 제품의 정확한 소개에는 별 관심이 없습니다. 오로지 기업의 인지도와 이미지를 높이기 위해 과대광고를 합니다. 그럼으로써 사람들의 욕망을 자극합니다. 심지어 없는 욕망조차도 만들어서 제품을 구매하도록 만듭니다.

이렇듯 현대사회는 합법적인 도둑들을 수없이 양산하면서도 사유재산의 절대성만큼은 더욱 고집합니다. 결국 현대사회는 끊임없는 복제와 무단도용표절, 그리고 사유재산과 지식의 절대권 사이에서 줄달음질하고 있는 형국입니다. 어느 정도의 복제와 도용을 허용해야 할지, 그리고 어떻게 개인의 재산과 지식을 공공의 유익을 위해서 증여해야 할지 갈팡질팡하고 있는 것입니다.

교회, 연보를 무상의 문화로 만들어야

현대 복제문화에서는 도둑질하지 말라는 계명이 시큰둥하게 들리기 쉽습니다. 그러면 교회는 이런 현대 자본주의 사회에서 도둑질하지 않고 살 수 있을까요? 세상에 한참 뒤쳐져 있는 교회라서 어쩔 수 없이 세상을 모방해야만 하지 않을까요? 사실, 초기의 한국교회는 이 사회에 서양문화를 소개해주었을 뿐만 아니라 모든 것에서 앞서나갔던 것을 생각한다면, 오늘날 한국교회의 모습은 참으로 격세지감이 아닐 수 없습니다. 오늘날 교회들은 어떻게든 세상을 따라잡으려고 안달하고 있습니다. 자신을 천상으로부터 내려온 선물이 아니라 지상의 종교의 복제품에 불과한 것처럼 생각하고 있습니다. 과연 이런 교회가 세상을 뒤엎는 신선하고 참신한 문화를 일굴 수 있을까요?

우선, 우리는 도둑질하지 말라는 계명을 통해 하나님께서는 나와 하나님, 나와 타인, 나와 세상 사이에 분명한 경계와 구분을 두셨다는 사실을 주의 깊게 받아들여야 합니다. 서양의 문화가 자아독존의 문화이고 동양의 문화가 자아소멸의 문화라고 할 때, 기독교는 그들과 다른 상호협력의 문화를 형성함으로써 세상으로 하여금 다른 문화가 가능하다는 사실을 경험할 수 있게 해주어야 합니다.

도둑질하지 말라고 하신 것은 하나님께서 모든 창조성의 근원이 되신다는 것을 믿으라는 말입니다. 다시 말해 이 계명은 너희가 하나님을 전적으로 믿을 수 있느냐를 묻고 있는 것입니다. 하나님께서는 창조성의 영구한 근원이십니다. 태초에 온 세상을 창조하셨을 뿐만 아니라 지금도 계속해서 창조하고 계십니다. 태초에 단 한 번의 창조가 일어났지만, 그 창조의 일은 여전히 진행 중이기도 합니다. 하나님께서는 그리스도를 통해 지금도 세상을 새롭게 창조하고 계시기 때문입니다. 이 새로운 창조의 시작이 구속받은 하나님의 백성이요 교회입니다.

태초에 있었던 처음 창조 때에는 사람을 마지막으로 지으셨습니다. 그러나 새로운 창조에서는 사람을 먼저 지으셔서 이를 통해 모든 만물까지 새롭게 빚어지기를 원하십니다. 따라서 신자는 자녀들이 이 새로운 창조에서 주역이 되도록 가르쳐야 할 것입니다. 여기서 비롯되는 표현 중에 하나가 '공부해서 남 주자'라는 구호입니다. 내가 누리는 것은 나의 노력으로만 된 것이 아니라 공동체가 나에게 기회를 주었기 때문에 가능한 것입니다. 그러므로 우리는 자신이 소유한 모든 것이 인류 공동체 전체의 소유라고 생각하면서 살아야 합니다. 하나님의 자녀들이 삶의 현장에서 이웃과 더불어, 그리고 이웃을 위해 행하는 지극히 작은 일이 오늘날 소위 말하는 창조경제의 핵심이라 할 수 있습니다.

교회는 도둑을 양산하는 문화에 대항하여 은혜를 고백하는 문화를 일구어야 합니다. 그게 소위 말하는 '무상증여의 문화'입니다. 기독교는 은혜의 종교이고, 은혜는 거저 주는 것입니다. 은혜는 자격 없는 자에게 주어지는 선물입니다. 기독교의 복음은 "너희가 거저 받았으니 거저 주라."마 10:8라고 한 말씀에 다 들었다고 해도 과언이 아닙니다. 모든 것을 돈으로 환산하는 현대문화에서 교회와 기독교인은 결코 돈으로 환산하거나 거래될 수 없는 은혜문화, 무상문화를 일구어야 할 것입니다. 남의 것을 무단으로 도용하여 이익을 보는 삶이 아니라 자신이 수고하여 이룬 것을 무상으로 증여하므로 사회를 유익하게 하고 평균케 하는 삶을 추구해야 할 것입니다.

우리는 헌금조차도 내가 낸 액수만큼 하나님께서 복을 주실 것이라고 생각하곤 합니다. 교회에서도 이런 보상의 문화가 득세하고 있는 것입니다. 하지만 그래서는 안 됩니다. 신자는 헌금을 하면서 자신이 공짜로 받은 것에 대해 감사해야 합니다. 신자의 모든 행위가 보상을 바라는 것이 아니라 무상으로 받은 은혜에 대한 감사가 될 때 비로소 교회는 세상에 크게 기여하게 될 것입니다. 세상은 공로사상으로 가득 차 있기 때문입니다. 교회의 헌금 중 얼마나 사회를 위해 사용하느냐보다 더 중요한 것은 신자가 무상의 삶을 살고 있느냐 하는 것입니다. 기독교인은 너무 꽉 채워진 삶이 아니라 빈 구석이 있어야 합니다.

기독교는 약탈이 아니라 창조를 증거해야 합니다. 웃기는 말일지 모르겠지만, 기독교는 가장 긍정적인 의미에서 복제문화의 첨병이 될 수 있습니다. 기독교인은 하나님을 복제하는 인간입니다. 다시 말해 기독교인은 하나님의 창조성을 가장 잘 복제할 수 있는 인간입니다. 기독교인은 하나님께서 창조하셨지만 타락한 세상을 하나님께서 지속적으로 새롭게 창조해 가실 것을 믿습니다. 또한 기독교인은 창작의 가능성이 여전히 남아 있다고 믿습니다. 그래서 할리우드의 창조성이 거의 고갈되어 감에도 불구하고 기독교회의 창조성은 고갈되지 않습니다. 하나님께서 교회에 맡기신 말씀이 모든 창조성의 원천이기 때문입니다.

말씀을 잘 받아먹은 사람들은 이 세상에서 창조적으로 살아갈 수 있습니다. 교회는 신자들에게 정글 같은 이 세상에서 살아남을 수 있는 처세술이나 실용기술을 가르치는 곳이 아닙니다. 교회는 하나님께서 모든 영역에 심어놓으셨고, 그래서 얼마든지 개발할 수 있는 창조의 원리를 찾도록 격려하는 곳입니다. 대량생산소비문명, 즉 끊임없이 약탈하고 도둑질하는 문명에 대한 대안은 소량

특화생산이 아닙니다. 우리는 하나님의 말씀이 지금도 온 세상을 붙들고 계시며히 1:3, 온 세상을 새롭게 생산하고 계신다는 것을 믿어야 합니다. 우리는 하나님의 창조성을 날마다 모방하고 훔쳐서(?) 이 세상에 나누어 주어야 합니다.

좀 더 생각해볼 문제

1. 워홀이 한 작업은 고전적인 의미에서 예술이라고 보기 어렵습니다. 그는 어떻게 그런 생각을 할 수 있었을까요? 지금도 팝아트와 같은 예술을 하는 이들이 밥을 먹고 살 수 있을까요? 어떤 분야에서 개척자와 선구자들이 되는 것이 다른 것들보다 더 중요할까요?

2. 복사, 표절에 대해 엄격한 잣대를 들이 대어야 하지만, 대기업이 특허권을 장악하고 후발주자의 진입자체를 막는 상황 또한 충분히 고려되어야 합니다. 표절을 허용해야 하는 경우가 있을까요? 기독교인이 광고를 만든다면 어떤 광고를 만들어야 할까요?

3. 교회는 하나님의 창조를 지속적으로 본받아야 합니다. 교회가 구태의연할 필요는 없습니다. 예배에서 하나님의 창조를 어떻게 표현할 수 있을까요? 또한 우리의 삶에서 하나님의 창조를 어떻게 구체적으로 드러낼 수 있을까요?

제9계명

법정도 거짓증인들을 양산한다

"너희 이웃에게 불리한 거짓 증언을 하지 못한다."
출애굽기 20장 16절(새번역)

"내가 말하려는 것은 전문가는 부도덕을 가르친다는 사실, 즉 전문가는 피할 수 없는 유혹에 노출되어 있다는 것입니다."
마하트마 간디의 『힌두 스와라지』(강, 2002) 중에서 거짓말하지 않고 살 수 있을까요? 거짓말 중에서도 모두의 유익을 위해 하는 거짓말을 하얀 거짓말이라고 부릅니다. 그런 거짓말은 해도 괜찮지 않을까요? 거짓말하지 않으려는 무모함 때문에 오히려 인간관계가 삭막해지는 경우가 많으니까요. 누군가 "잘 지냅니까?"라고 인사치레로 물었는데, "잘 못 지내요."라고 말하면, 인사한 사람이 머쓱해집니다. 그러면 그는 다시 "왜 잘 못 지냅니까?"라고 물어야 합니다. 이런 귀찮은 일을 피하기 위해 잘 못 지내더라도 그냥 "잘 지내요."라고 거짓말하는 것이 편합니다. 거짓말이 문제가 되는 것은 그 거짓말로 인해 상대방의 명예가 실추되기 때문입니다. 현대사회는 경쟁이 치열한 사회이기 때문에 의도가 있든 없든 남을 깎아내리기 위해 공격합니다. 현대사회는 정보가 넘쳐나는 반면, 그것의 옳음을 판단할 수 있는 지식과 인내는 부족합니다. 정확한 사실유무를 판단하기가 어렵고, 그만큼 거짓말이 난무할 수밖에 없습니다. 이로 인해 서로 직접 욕하기보다는 법에 호소합니다.

법에 대한 호소법만능주의가 진실을 밝힐 수 있을까요? 법정이 오히려 거짓증인을 양산하는 것은 아닐까요? 법이 우리로 하여금 타인의 명예를 충분히 존중하게 할 수 있을까요? 아니, 법에 의해 우리가 거짓증인이 되지 않고 살아갈 수 있을까요?

루오, 법정을 고소하다

20세기 현대미술의 거장이라고 칭송받고 있는 프랑스의 화가 조르주 루오 Georges-Henri Rouault, 1871~1958는 현대사회의 부조리를

조르주 루오, 〈세 재판관〉
1936년경, 캔버스에 유채, 66cm X 81cm
런던, 테이트 모던 갤러리

두꺼운 선과 터치로 잘 그려냈습니다. 프랑스에서 왕성하게 활동했던 그는 투철한 신앙심을 지닌 로마교회의 신자였습니다. 그는 제1차 세계대전의 야만적인 모습을 고난 받으시는 그리스도의 얼굴이나 빈민촌에서 사시는 그리스도의 모습 등으로 담아냈습니다. 그렇다고 해서 그를 종교화가라고만 치부할 수는 없습니다. 그는 당시 사회의 풍경을 내면적인 종교성으로 대체해 버리지 않고, 그 고단한 풍경을 진솔하게 그려내었습니다. 그가 천착했던 주제 중에 하나가 '서커스'와 '매춘'이었다는 것이 이를 방증해줍니다. 그는 다른 사람들을 위해 웃음과 몸을 파는 어릿광대와 매춘부들을 많이 그렸는데, 이는 그들이야말로 사회에서 온갖 착취를 당하던 사람들이었기 때문입니다. 그렇다고 해서 루오가 세상사를 지나치게 비관적이고 염세적으로 바라보았다고 생각할 필요는 없습니다. 그는 어릿광대를 잘난 체하는 사람으로 묘사하는 등 해학도 잃지 않았습니다. 그 해학에 조롱이 담겨 있기는 했지만 말입니다. 그는 어릿광대를 통해 현대인들이 분장하지 않고 살 수 있는지를 물었던 것입니다.

　루오가 그린 <세 재판관>은 당시의 사회를 직접적으로 고발한 것이었습니다. 그는 이 그림에서 법복을 입고 머리에 관을 쓴 재판관들을 등장시켰습니다. 그는 법정 장면을 다양하게 변주해 내었는데, 특히 인상적인 것은 법정의 판사들끼리 서로를 향해서 냉혹한 표정으로 바라보고 있는 장면입니다. 이 판사들은 당시 사회의 무뢰하고 비열한 자들을 대표합니다. 그렇다고 루오가 판사를 다른 직업보다 더 정죄한 것은 아닙니다. 단지 그는 몇몇의 악한

판사들을 통해 당시의 불의한 법정 자체를 고발하고자 했던 것입니다.

그가 동판화 연작으로 제작한 〈미제레레〉Miserere, '불쌍히 여기소서'라는 뜻에서도 법정이 주 무대입니다. 어떤 재판관의 얼굴을 큼지막하게 그려놓고서는 '악법도 법이다', '그의 변호사는, 공허한 문장들로, 그의 전적인 무죄를 주장한다'와 같은 제목을 달았습니다. 가련한 한 사람이 예수님처럼 죽어 시신이 된 장면에서는 '정의로운 자는, 백단나무 향처럼, 그를 후려치는 도끼를 향기롭게 한다'라는 제목을 달았습니다. 변호사는 돈만 바라면서 무감각하게 피고인의 무죄를 주장하고, 판사는 사람은 안중에도 없는 듯 거만하게 사람을 정죄합니다. 어떤 그림에서는 정죄하는 판사와 죄를 지은 피고인들을 분간하기조차 힘듭니다.

고대에는 사람의 명예가 무엇보다 중요했습니다. 명예를 훼손하는 것은 그 사람의 목숨을 빼앗는 것이나 다를 바가 없었습니다. 명예는 목숨과도 같았습니다. 그래서 십계명에서도 거짓증거하지 말라고 경고하는 것입니다. 굳이 십계명이 아니더라도 고대 함무라비 법전 역시 '눈에는 눈, 이에는 이'라는 규정을 명문화하고 있습니다. 다른 사람에게 손해를 끼쳤거나 명예를 훼손한 것만큼, 자신이 그대로 벌을 받아야 한다는 것입니다. 우리가 잘 알고 있듯이, 일본에서 자신의 명예가 실추된 기업가들이 종종 할복자살하는 것도 모두 이런 전통에 기인합니다. 이것을 일본사회가 아직까지 전근대성을 벗어나지 못했기 때문이라고 말해야 할까요? 사실, 안타깝게도 오늘날 우리 사회는 이런 모습과는 정반대입니다. 자신의 명예가 심각하게 훼손되었는 데도 자리만 유지할 수 있다면 아무 상관이 없다고 생각합니다. 남의 명예를 무자비하게 훼손해 놓고서도 오히려 그것을 자신의 능력이라고 자랑하면서 얼굴을 뻔뻔하게 들고 다닙니다.

현대문화, 거짓증인들을 양산하고 있다

"정직이 최상의 방책이다."라는 말은 이제 먼 옛날의 이야기가 되었습니다. 한번 훼손된 명예는 되돌리기 힘들다는 것을 알기에 '카더라' 통신이 유행입니다. 자신이 터무니없는 사실을 유포했음에도 불구하고 '아니면 말고'라는 식으로 오리발을 내밉니다. 언론매체는 특종에 굶주려 있기 때문에 누군가의 명예를 생각할 겨를 없이 유언비어를 마구 싣습니다. 예전에 방송과 언론이 앞 다투어 '쓰레기만두'와 같은 선정적인 표현을 사용한 것이 대표적인 예입니다. 최근에는 <먹거리X화일>에서 '대왕 카스테라'를 저격보도 한 것을 들 수 있습니다. 한 사람의 명예는 물론이거니와 사업 자체를 재기할 수 없을 정도로 만들어 놓고는 고용한 변호사 뒤에 숨어서 나 몰라라 합니다. 어느 누구도 책임지려고 하지 않습니다.

정반대의 경우도 있습니다. 누군가가 힘을 가진 조직이나 개인의 비리를 지적하면 곧바로 명예훼손이라면서 법정에 고발하는 것입니다. 이는 파업하는 노동자들을 대하는 기업의 태도에서 쉽게 볼 수 있는 장면입니다. 기업이 노동자들에게 손해배상을 청구하고는 돈으로 밀어붙입니다. 돈으로 증인을 사고, 변호사를 삽니다. 돈이면 얼마든지 증거도 위조하고, 법정의 눈도 가릴 수 있기 때문입니다. 결국 돈이 없으면 명예도 회복할 수 없습니다. 법정드라마가 지속적으로 인기를 끄는 이유는 이런 현실을 다루기 때문입니다.

앞서 현대의 광고들은 도둑질하지 말라는 제8계명과 관련이 있다고 했는데, 그 못지않게 거짓증거하지 말라는 제9계명과도 밀접한 관련이 있습니다. 이는 제8계명과 제9계명이 그만큼 깊이 연관되어 있다는 증거이기도 합니다. 요즘 자동차 연비에 대한 과장광고를 비롯해 대부분의 제품에서 과장광고가 심하기에 소비자들이 분노하고 고발하는 사례가 늘고 있습니다. 최근 독일의 자동차 회사 폭스바겐은 이로 인해 된통 당하기도 했습니다. 그런데 한편으론 그럴 수밖에 없습니다. 자기 제품을 사도록 유혹하려고 만든 광고가 어떻게 자기 제품의 허술함을 선전할 수 있겠습니까? 그런 것은 되도록이면 숨겨야만 합니다. 그렇기에 현대의 광고들은 사이비일 수밖에 없습니다. 또한 광고업계에서 성공하기 위해서는 거짓증인이 될 수밖에 없습니다. 현대 소비자들 역시 알고도 속고, 모르고도 속습니다. 그들은 광고라는 이미지에 미혹된 세대이기에 대중매체에서 광고하지 않는 제품은 거들떠보지도 않습니다. 입소문이 제일 큰 효과가 있다고 말하기는 하지만, 광고라는 유사증인을 이기기에는 역부족입니다.

광고만이 아니라 현대의 대중문화 역시 거짓증인으로 활약합니다. 그 선두주자는 단연 TV 드라마입니다. 한국 사람들이 드라마에 환호하는 이유가 있습니다. 사람들은 막장 드라마일수록 더 환호합니다. 드라마의 비현실적인 장면들을 보면서 오히려 더 현실적이라고 느끼기에 욕하면서도 보게 됩니다. 드라마는 한편으로는 현실을 통속적으로 재현하면서도, 다른 한편으로는 현실을 왜곡시킴으로써 환상을 부추깁니다. 이는 현대예술에서도 마찬가지입니다. 현대예술은 구상을 버리고 추상으로 기울었는데, 그런 비현실적인 표현을 통해 오히려 현실을 보여줄 수 있다고 생각하기 때문입니다. 우리의 현실이 너무나 부조리하다는 것입니다. 하지만 이런 현실에는 아무런 의미도 없습니다. 안타깝지만 현대예술에는 부조리함 그 이후를 보여줄 여력이 없습니다. 그렇게 해야 할 필요 자체를 느끼지 않습니다. 더군다나 현실을 고발하는 부조리극조차도 이미 자본에 포섭 당한 상태입니다. 현대 대중문화는 기껏해야 반쪽짜리 증인일 뿐입니다. 타락의 증인이자 동시에 타락을 즐기는 거짓증인입니다. 그런 공허한 몸짓을 정죄하기보다는 안타깝게 생각해야 하겠지만 말입니다.

교회, 서약문화를 새롭게 일구어 내어야

일반인들보다 종교인들이 스스로의 목숨이나 타인의 목숨을 더 쉽게 앗아가기도 하고, 또 거짓에 더 쉽게 빠져들곤 합니다. 하나님과 교회를 위한다는 명목으로 거짓말을 하는 경우가 많습니다. 하나님을 위하는 것이기에 이웃을 해롭게 하거나 거짓을 행할 수 있다는 것입니다. 과연 그럴까요? 아닙니다. 어떻게 종교가 이웃을 해하거나 거짓을 행하는 것 위에 세워질 수 있단 말입니까? 이단들이라면 몰라도 말입니다. 이웃에 대해 거짓증거하지 말라는 규범은 모든 종교의 준칙이 되어야 합니다. 거짓증거하지 말라는 한 말씀 안에 모든 율법이 다 들었다고 할 수 있습니다.

기독교인이 법에만 의지하려고 한다면, 그것은 스스로가 거짓 증인이라는 것을 증거하는 꼴이 될 수도 있습니다. 고린도전서 6장에도 나와 있듯이 신자들의 문제를 우선적으로 세상법정에 송사하는 것은 바람직한 일이 아닙니다. 교회가 세상을 판단해야 하는데, 오히려 세상이 교회를 판단하도록 하는 것이기 때문입니다.

현대사회의 법체계를 누구보다 신랄하게 비판한 사람이 '위대한 영혼'이라는 별명을 가진 인도의 유명한 마하트마 간디였습니다. 그는 영국으로 유학을 가서 변호사가 되었지만, 법정이 거짓증인을 양산해낸다는 생각에 변호사업을 포기했습니다. 종교인은 법 없이도 살 수 있어야 한다는 순진한 생각 때문에 그런 것은 아니었습니다. 그는 근본적으로 신성을 소유한 인간은 법에 호소하는 인간일 수 없다고 보았습니다. 아무리 그렇더라도 현실에서는 거짓증거를 해야 하는 일이 발생할 수밖에 없습니다. 그럴 경우에는 어떻게 해야 할까요? 이에 대해 간디는 법정이 아니라 마을이 필요하다고 보았습니다. 마을의 어른이나 장로가 세상의 법정이나 판사보다 더 낫다고 판단한 것입니다. 이것이 그냥 순진한 생각에서 비롯된 것일까요? 아니면, 현대문화에 대한 냉철한 분석에서 비롯된 것일까요?

성경 역시 법정을 이상적으로 그리지 않습니다. 법정이 스스로 거짓증인들을 갈라낼 수 있다고 보지도 않습니다. 잠언과 전도서에서는 법정에서 벌어지는 온갖 모순과 불의에 대해 언급하고 있습니다. 사실, 성경은 법 없이 법 앞에 서는 사람들을 요청합니다.

가난하다고 해서 그를 압제하지 않는 사람들을 요청합니다. 하나님께서는 가난한 자라고 해서 자동적으로 그들의 편을 들어주시거나 부자라고 해서 무조건 내치시지 않습니다. 오히려 하나님께서는 모든 사람을 공평하게 대하십니다. 반면, 세상 재판관은 결코 공평할 수가 없습니다. 예수님께서 하신 비유 중에는 불의한 재판관에게 찾아가서 자신의 억울함을 호소하는 과부의 이야기가 있습니다. 아마도 그 재판관은 과부의 재산을 집어삼킨 부자에게서 뇌물을 받고 과부의 호소를 들어주지 않으려고 했을 것입니다. 하지만 과부는 밤낮으로 찾아가 그녀의 억울함을 풀어달라고 재판관을 괴롭힙니다. 이에 재판관은 귀찮아서 그녀의 청을 들어줍니다. 이런 점을 보건대 세상법정은 귀찮은 것이 정의보다 앞선다는 것을 알 수 있습니다.

기독신자라고 해서 거짓증인이 되지 않으리란 보장은 없습니다. 목숨을 위협하는 이들 앞에서 어떻게 거짓증인이 되지 않을 수 있겠습니까? 생존경쟁이 치열한 상황에서는 거짓증거라도 내밀어서 자신의 생존을 보장받으려는 유혹을 받게 됩니다. 신자 또한 필요 없는 서약까지 해서라도 자신의 신실함을 증명하고 싶은 유혹을 받습니다. 이렇듯 제 한 몸 건사하기도 쉽지 않은 상황에서 이웃을 위하기란 더욱 더 쉬운 일이 아닙니다. 신자라고 해서 예외가 아닙니다. 신자의 성품이나 결심 역시 불신자와 크게 다르지 않습니다. 그럼에도 불구하고 신자는 들은 것이 있습니다. 신자는 참 증인, 곧 마지막 죽음의 순간까지 하나님을 부인하지 않았던 참 사람에 대해 들었습니다. 바로 예수 그리스도입니다. 신자가 불신자와 똑같으면서도 동시에 전혀 다른 사람이 될 수 있는 것은 이러한 참 증인이신 예수 그리스도를 알기 때문입니다. 죽기까지 하나님을 부인하지 않았던 예수님으로 인해 신자는 거짓증인의 자리를 벗어날 수 있는 것입니다.

신자는 주일마다 교회로 모여서 다른 이들과 함께 한 목소리로 신앙고백을 하며 하나님의 신실하심을 거듭 말합니다. 신자는 자신이 홀로 있지 않음을, 증거공동체에 속해 있음을 확인합니다. 참 증인이신 예수 그리스도로 인해 신자는 비로소 옳은 것은 옳고, 그른 것은 그르다고 말할 수 있는 용기를 얻습니다. 그리고 이런 고백이 서약으로 이어집니다. 개혁교회에서의 예배의 첫 순서는 소위 예배의 부름으로 번역되는 '보툼' Votum 입니다. 이 라틴어를 번역하기가 쉽지 않기에 그대로 사용하기도 하는데, 이는 충성을 맹세할 때 사용하던 말이었습니다. 예를 들어, 군인이 상급자나 지휘관에게 충성하겠다고 서약할 때처럼 말입니다. 이렇듯 기독교회의 예배 자체가 충성서약으로 시작하고 있다는 것은 의미심장한 일입니다. "우리의 도움은 천지를 지으신 여호와의 이름에 있도다." 시편 124:8라는 구절이 바로 충성맹세입니다. 너무 싱겁다고 생각됩니까? 충성맹세라는 말이 거북하다면 신실함으로, 거짓말하지 않겠다는 것으로 바꾸어도 됩니다.

하나님께서는 신실하신 분입니다. 신자 또한 그 하나님을 닮아 신실해야 합니다. 거짓은 마귀에게 속한 것입니다. 거짓말하는 사람은 마귀의 자식이요, 천국에 들어갈 수 없습니다. 신자는 공직자든지, 전문직업이든지 그 서약한 대로 행하는 사람이 되어야 합니다. 법정에서 서약했다면, 아무리 불리해도 진실을 말해야 합니다. 문제는 자신이 선서한 것을 지키려다 보니 신앙양심을 더럽히는 경우입니다. 예를 들어, 어떤 정권에 입각하면서 선서한 것이 올무가 되는 경우입니다. 그런 경우에는 배반자라는 말을 듣더라도 그 자리를 박차고 나오는 것이 옳습니다. 자신의 신앙의 양심을 따라야 합니다.

   기독교는 제대로 된 '서약문화'를 만들 책임이 있습니다. 거창하게 문화라는 말을 쓰지 않더라도 서약한 대로 사는 것이 필요합니다. 남을 속이기 위해 맹세를 남발하는 것이 아니라 예, 아니요라고 분명하게 말하는 것만으로도 충분합니다. 서약 없이도 서약한 것처럼 사는 것입니다. 세상이 교회를 보면서 약속한 것은 반드시 지킨다고 말할 수 있을 때, 비로소 하나님께서 영광을 받으실 것입니다.

좀 더 생각해볼 문제

1. 루오가 법정을 고발한 것과 그리스도께서 세상법정에서 사형 판결을 받으신 것을 생각할 때, 우리는 법정을 어떻게 대해야 할까요? 법정이 거짓증인들을 양산해내는 오늘날, 변호사가 거짓을 변호할 수 있을까요? 변호의 한계는 어디까지일까요?

2. 언론과 광고는 거짓증거를 하기 쉽습니다. 현대의 대중문화는 거짓을 참으로 둔갑시키는 재주를 부립니다. 대중문화가 사람을 교묘하게 속이고 있는 것을 말해 봅시다. 서약한 대로 행하는 것이 거짓에 가담하게 되는 경우를 말해 봅시다.

3. 기독교는 조금이라도 거짓 위에 세워질 수 없다는 것이 분명합니다. 기독교인은 어떤 경우에도 진실만을 말해야 하는 것일까요? 하나님을 위해, 교회를 위해 부득이하게 거짓말을 해야 하는 경우는 없을까요?

제10계명

욕구와 욕망의
구분이 사라졌다

"너희 이웃의 집을 탐내지 못한다. 너희 이웃의 아내나 남종이나 여종이나 소나 나귀나 할 것 없이, 너희 이웃의 소유는 어떤 것도 탐내지 못한다."
출애굽기 20장 17절(새번역)

"잘못된 방향을 지향하는 행동은 잘못된 방향을 지향하는 욕망의 반영이자 산물이다. 그리고 잘못된 방향을 지향하는 욕망은 죄악된 행동 못지 않은 위반이자 죄악이다."
제임스 스미스의 『하나님 나라를 욕망하라』(IVP, 2016) 중에서 우리 사회는 그동안 사람들의 욕구를 너무나 억눌러왔습니다. 자연스럽게 표출해도 괜찮을 욕구조차 수치스럽게 생각했습니다. 그게 동양적인 미덕이라고 생각했습니다. 욕구의 발산 자체를 자제했을 뿐만 아니라 그런 감정을 억누르는 것이 도덕적이라고 생각하기까지 했습니다. 그 결과 욕구가 제거되기보다 오히려 비정상적인 방식으로 욕구가 표출되곤 했습니다. 풍선효과라고 할까요? 한쪽을 누르면 다른 쪽이 튀어 나오게 되는 것처럼 말입니다. 최근에는 '욕망해도 괜찮아'라는 말이 유행입니다. 괜히 점잖은 척하지 말라는 것입니다. 마음에서 원하는 것을 억누르다 보면 정신병에 이르게 된다고 말합니다. 이렇듯 현대인들은 도덕이나 규율 등에 얽매이지 않는 자유로운 사람이 되어야 한다는 강박(?)에 사로잡혀갑니다.

　이와 같은 양 극단이 다 문제가 있다면, 우리는 자신의 욕구와 욕망을 어느 정도로 통제해야 하며, 어느 정도로 발산해야 할까요? 사회법적으로 문제가 되지 않는 한 우리의 욕망을 마음껏 발산하는 것을 어느 누가 뭐라고 하겠습니까? 미풍양속이라는 말은 퀴퀴한 냄새가 나는 전근대적인 사고방식이 아닐까요? 마음속의 욕망까지 통제하려는 것보다 더 무자비한 것이 있을까요? 어차피 즐기기 위해서 태어난 인생인데 말입니다.

얀 스테인, 흥청거리기 시작하다

　얀 스테인Jan Havickszoon Steen, 1626(?)~1679은 우리에게도 제법 알려진 네덜란드 레이든 출신의 풍속화가입니다. 그는 하를렘으로

얀 스테인, 〈연회〉(The Bean Feast)
1668년, 캔버스에 유채, 85cm × 105cm
암스테르담, 국립박물관

가서 유명한 인물화가였던 프란스 할스의 자유분방한 표현을 배웠습니다. 그는 농민이나 중산층의 일상을 해학과 익살을 담아 재미있게 표현했습니다. 선술집에서 흥청거리는 모습이나 카드놀이와 결혼식 풍경의 흥겨움 등이 그가 그린 풍속화의 주요한 주제들이었습니다. 양조업자의 아들이면서 그 자신도 양조업자이자 선술집의 주인이었던 것이 이런 풍속화에 고스란히 반영되어 있습니다. 스테인 자신이 이런 그림들을 통해 어릿광대 노릇을 합니다. 그는 당시 유행하던 연극을 그의 그림에 그대로 차용해 넣었습니다. 그의 그림은 연극과 크게 다르지 않습니다. 평범한 시민들이 난장판을 벌이는 모습에서는 정겨움마저 느낄 수 있습니다. 그게 그렇게 흉하게 보이지 않습니다.

〈연회〉The Bean Feast라는 이 풍속화에는 중세시대를 극복한 종교개혁 특유의 흥겨움이 넘쳐납니다. 이 연회는 고용주가 일꾼들에게 한턱을 내는 잔치입니다. 아마도 탁자 가운데 자리 잡고 있는 남녀가 고용주일 것입니다. 그들의 모습은 뒤쪽으로 밀려나 있습니다. 그보다 스테인은 잔치를 한껏 즐기는 이들의 모습을 부각시킵니다. 잔치를 위해 악사도 동원되었습니다. 술에 취한 한 여인이 몸 전체를 뒤로 젖히고 있고, 한 남자 역시 술에 취해 덩실덩실 춤추고 있습니다. 스테인은 이 그림을 통해 비록 고단하게 노동하더라도 흥겨움을 잃지 말라고 말합니다. 세상에는 즐길 것이 많기 때문입니다.

스테인이 모든 쾌락을 무조건 긍정한 것은 아닙니다. 그는 이런 풍속화를 통해 은근히 교훈을 전달하기도 했습니다. 예를 들어,

<쉽게 들어온 것은 쉽게 나간다>라는 제목을 단 풍속화가 그렇습니다. 당시 스페인으로부터 독립하기 위해 투쟁하던 네덜란드 공화국은 서서히 자본주의의 면모를 갖추어가고 있었습니다. 농경문화에서 상업문명으로 진입하려고 하는 와중이었습니다. 이런 상황에서 스테인은 세상살이의 흥겨움을 보여주는 한편, 동시에 방탕한 삶이 가져올 재난을 경고하기도 했습니다.

중세시대에는 금욕을 추구하였습니다. 인간의 욕구를 철저하게 억눌렀습니다. 이런 억눌린 금욕을 배출할 수 있었던 곳이 수도원이었습니다. 당시 수도사들을 비롯해 성직자들은 모두 독신서약을 했으므로 성생활도 터부시되었습니다. 그런데 어떤 면에서 그들은 금욕을 대리하는 이들이었습니다. 아무나 금욕을 실천할 수는 없었기 때문입니다. 이후에 세속신자들은 자신들의 욕망과 죄를 씻기 위해 수도원에 땅이나 재산 등을 기부하기 시작했습니다. 이로 인해 수도원은 풍요로워졌고 그와 함께 탐욕이 넘쳐나게 되었습니다.

종교개혁은 이와 같은 중세의 금욕주의를 거부했습니다. 하나님께서 주신 일상의 삶과 육체생활을 긍정했습니다. 물론 이것은 르네상스와 인문주의의 영향 때문이기도 했습니다. 여하튼 스테인이 독립운동 당시의 상황을 그린 흥겨움은 인간의 원초적인 감각에 충실한 것이었음에도 그렇게 문제될 것처럼 느껴지지 않았습니다. 문제는 욕구를 억누를수록 반발력이 심하듯이 한번 분출한 욕망은 제어할 수가 없다는 것이었습니다. 스페인이 몰락하고 네덜란드와 프랑스, 잉글랜드가 세계의 중심이 되면서 암스테르담과 파리, 런던은 전 세계의 물자들이 모여서 가공되어 다시금 전 세계로 판매되는 세계의 공장이 되었습니다. 이들 나라들이 동인도회사, 서인도회사 등을 만들어 세계의 자원을 착취하기 시작한 것이 이 때였습니다. 인간탐욕의 광포함이 점점 고삐 풀린 망아지가 되어갔던 것입니다.

현대문화, 탐욕을 끝없이 부추기다

요즘 전 세계는 이슬람의 득세로 인해 큰 혼란을 겪고 있습니다. 종교전쟁이나 문명충돌이라는 말도 심심찮게 들을 수 있습니다. 그런데 이런 호들갑은 참으로 피상적인 것입니다. 누군가가 말했듯이, 전 세계는 이미 서구화되었기 때문입니다. 최근의 이슬람 국가가 하는 행태를 보면 이 사실을 잘 알 수 있습니다. 그들은 할리우드가 대표하고 있는 서구의 대중문화를 악마적이라고 매도합니다. 하지만 그들 역시 서구문화를 충실히 내면화하여 행동하고 있습니다. 인신매매와 성폭력, 공개참형을 통한 대중 선동선전 등이 그것입니다.

또한 현대사회는 이미 하나의 사상, 즉 진보사상으로 통일되어 있습니다. 진보와 성장이라는 구호가 다른 모든 가치들을 집어 삼켰습니다. 진보사상이 모든 성장 프로그램들을 추동하고 있습니다. 그런데 이 진보사상의 기저에는 다윈의 진화론이 자리 잡고 있습니다. 적자생존의 법칙 말입니다. 현대사회는 끝없이 성장 동력을 찾아 헤매면서 서로를 착취하는 악순환을 끊을 생각은 하지 않습니다. 참으로 진퇴양난이 아닐 수 없습니다. 우리는 이미 전 지구적인 탐욕 시스템에 포획되었기 때문에 과거의 순진한(?) 욕망으로 돌아갈 수도 없게 되었습니다.

현대의 대중문화는 철저하게 욕망을 부추기는 문화입니다. 착취를 부추기는 문화입니다. 남의 아내, 남의 집, 남의 소유는 언제든지 나의 탐욕을 위해 이용될 수 있는 물질에 불과합니다. 여기서 현대의 광고들을 다시 언급하지 않을 수 없습니다. 현대예술조차 광고에 포섭된 지 오래입니다. 현대의 광고들은 한 마디로 "사람은 소유로 산다."고 선전해 댑니다. 현대인들은 이런 광고에 속아서 자신을 기꺼이 탕진하고 있습니다. "사람은 끝없이 욕망하지 않고서는 사람답게 살지 못한다."는 것입니다.

예전에 에리히 프롬이라는 사상가가 지은 『소유냐 존재냐』라는 책이 유행했던 적이 있습니다. 이 제목이야말로 현대문명이 나아가야 할 방향을 지적해 준다고 할 수 있습니다. 소유의 문제가 아니라 존재의 문제라는 것입니다. 유대인 사상가인 마틴 부버가 지은 철학적인 책인 『나와 너』도 이와 같이 인격적인 관계와 물질적인 관계를 대비시켰습니다. 현대인의 삶은 과거의 야만인의 삶과 비교해서 너무나 질서정연한 것처럼 보입니다. 하지만 그 질서정연함 이면에는 유례가 없을 정도의 탐욕과 무질서함과 강포함이 자리 잡고 있습니다. 흔히들 하는 말장난처럼, 인물이 속물이 되어가고, 속물이 괴물이 되어가고 있는 것입니다. 이제는 악이 특별한 것이 아니라 평범한 것이 되었습니다.

현대문화는 욕구와 욕망의 경계를 허물어 버렸습니다. 오스트리아의 정신의학자인 지그문트 프로이드가 무의식의 문제를 들고 나오면서부터 현대인들은 더 이상 도덕이나 법이나 규율에 얽매일 필요가 없어졌습니다. "어쩔 수 없었다."고, "자신의 무의식이 그것을 욕망한다."고 말해 버리면 그만입니다. 현대인들은 적자생존을 주창한 다윈, 무의식을 발견한 프로이드, 그리고 권력에의 의지를 부추긴 니체의 후손입니다. 그들의 사상이 현대인들의 모든 탐욕에 대해 면죄부를 발부해 주었습니다. 고삐 풀린 욕망은 이제 사적인 자유를 넘어 권력의 문제가 되어 버렸습니다. 현대 자본주의는 우리의 욕망을 부추겨서 자본의 지배를 공고하게 만듭니다. 우리는 욕구의 주체가 아니라 욕망의 종이 되어가고 있습니다. 우리가 누리는 선택의 자유는 소비할 자유뿐입니다. 소비할수록 우리는 자유로워지는 것이 아니라 노예가 되어갑니다. 그것도 기계의 노예로 말입니다. 이대로 가다가는 기계가 우리를 욕망하는 날이 곧 올 것입니다.

교회, 마음이 하는 문화를 만들어야

왜 십계명의 마지막 계명은 이전까지의 계명들과 다를까요? 왜 외적인 행위의 문제를 내적인 마음의 문제로 바꾸어 버린 걸까요? 사람의 욕망마저 통제하려는 것일까요? 모든 종류의 욕망을 금하려는 것은 웃기는 일입니다. 실행되지 않는 욕망마저 정죄하겠다니 이런 법이 어디에 있단 말입니까? 종교가 사람의 마음마저 감별하려고 하는 것에 기분 나쁘지 않습니까? '도대체 욕망이 뭐가 문제된다는 말인가?'라고 반발하지 않겠습니까?

하지만 마지막 계명은 이전의 계명들과 대립되는 것도 아니고,

충돌하는 것도 아닙니다. 이전의 모든 계명들이 행위만 다루었고, 마지막 계명은 마음의 문제만 다룬 것도 아닙니다. 이웃의 아내를 탐내지 말라는 것은 당시에 아내는 남편의 소유에 불과했다는 것을 보여주기도 하지만, 간음하지 말라는 제7계명과 연결되어 있기도 합니다. 이웃의 집과 그의 모든 소유를 탐내지 말라는 것은 제6계명인 살인하지 말라, 제8계명인 도둑질하지 말라, 그리고 제9계명인 거짓증거하지 말라는 계명들과 연결되어 있습니다. 이렇듯 제10계명은 십계명 전체가 행위의 문제를 넘어 마음의 문제라는 것을 환기시켜 줍니다. 특정 행동이 문제라기보다는 그 행동의 근원인 마음이 문제라는 것입니다.

종교개혁은 사람의 욕망을 금욕으로 다스리려고 하지 않았습니다. 오히려 종교개혁은 사람의 건전한 욕망을 긍정했습니다. 독일의 사회학자인 막스 베버가 그의 유명한 책 『프로테스탄티즘의 윤리와 자본주의 정신』에서 밝힌 중요한 사실이 있습니다. 그것은 루터가 성경을 독일어로 번역하면서 '직업'*Beruf*이라는 단어를 만들어 냈다는 것입니다. 이로써 루터는 수도원이 아닌 세속에서 열심히 일함으로써 자신의 구원을 확증하도록 했습니다. 하지만 루터는 농민혁명의 폭력성에 화들짝 놀라 귀족들에게 그 농민들을 진압하도록 요구함으로써 계급으로 회귀하고 말았습니다. 이와 달리 칼빈은 시민들이 어떤 직업에든지 종사할 수 있고, 그리하여 자신의 사업을 확장하고 키움으로써 하나님께서 자신을 부르셨다는 소명을 확인할 수 있다고 주장했습니다. 베버는 이것을 '세속적 금욕주의'라고 표현했습니다. 자신을 위해서 사치하는 것을 죄악시하는 한편, 이윤을 추구하고, 자본을 투자하고 사업을 확장하는 것을 통해 자신이 선택받은 자라는 것을 확인하려고 한 것이 자본주의 정신과 친화성이 있다고 본 것입니다. 이런 해석에 의하면, 개신교회는 어떤 종교들보다 탐욕을 부추기는 자본주의와 가깝게 보입니다.

성경은 우리의 몸을 죄악시하지도 않고, 자연스런 욕구를 터부시하지도 않습니다. 기독교는 불교처럼 모든 욕망을 없애는 것을 목표로 하지 않습니다. 불교는 무욕의 상태를 해탈에 이르는 수단이라고 생각합니다. 불교에서 모든 욕망을 제거하는 것이 정말 가능하다고 보는지 의문이지만 말입니다. 그러나 기독교는 금욕주의와 아무런 상관이 없습니다. 하나님께서 온 세상만물을 지으셨고, 사람의 육체마저 지으셨기에 무언가를 소유하고픈 욕망은 잘못된 것이 아닙니다. 교회는 신자들로 하여금 정당한 욕심을 긍정하고, 그것을 통해 하나님께서 주신 세상을 잘 가꾸고 누리도록 가르쳐야 합니다. 이게 지나쳐 기독교인들이 돈 계산에 밝고, 복음과 구원을 경제적인 풍요와 동일한 것으로 생각하게 된 것은 그만큼 말세가 되었다는 신호이기도 합니다.

세상보다 더 세상적이 된 교회에 필요한 것은 불건전한 욕망을 상쇄시킬 수 있는 새로운 형태의 욕구로 안내하는 것입니다. 세상을 벗어나고자 하는 금욕이 아니라 만사를 말씀과 기도로 거룩하게 하려는 열망이 되어야 합니다. 신자들의 종교성을 부추기라는 말이 아닙니다. 종교성이나 신앙심이라는 것조차도 탐욕이 될 수 있기 때문입니다. 기독교인들이 추구해야 할 열망은 삼위 하나님처럼 서로에게 자신을 온전히 내어주려는 열망입니다. 이런 점에서 제10계명은 이전에 언급한 모든 계명들을 하나님 사랑, 이웃사랑으로 해석하라는 요구입니다. "사랑하라, 그리고 원하는 것을 취하라."는 유명한 문구야말로 제10계명을 깊이 묵상한 결과일 것입니다.

'마음이 합니다'라는 광고카피가 있습니다. 어떤 면에서는 이것이 기독교 문화를 표현하는 말일 수 있습니다. 기독교는 우리의 행위 이전에 마음의 문제를 건드리니까요. "무릇 지킬만한 것보다 더욱 네 마음을 지키라 생명의 근원이 이에서 남이니라."잠 4:23라는 말씀은 너무나 유명한 말씀입니다. 성경에서는 사람의 육체를 무엇보다 중요시하지만 동시에 인간의 본질이 마음이라고도 밝히고 있습니다. 마음과 몸이 연결되어 있다는 것입니다. 따라서 우리는 행동 이전에 마음의 문제를 다루어야 합니다. 마음이 변화되지 않은 채 행하는 모든 행위는 자신의 교만을 더욱 부채질할 따름입니다.

기독교는 마음의 문화를 일구어야 합니다. 요즘 성품교육이 인기를 끌고 있다고 합니다. 그동안 우리는 너무 지식에만 몰두했습니다. 그러나 마음을 건드리지 못하는 교육은 아무 소용이 없습니다. 따라서 기독교는 욕망을 없애라고 소리치면서 죄책감을 부채질할 것이 아니라 관계를 욕망하도록 만들어야 합니다. 세상의 모든 문화의 뿌리가 자기중심성이라면, 기독교 문화는 관계중심적이기 때문입니다.

좀 더 생각해볼 문제

1. 얀 스테인이 흥청거리는 것을 그린 것이 종교개혁의 영향이라는 것을 생각해 봅시다. 종교개혁은 금욕을 거부하고 삶을 있는 그대로 즐기도록 했다는 것을 생각해 봅시다. 과연 금욕과 쾌락은 정반대되는 것일까요, 아니면 같은 맥락에 있는 것일까요?

2. 현대 자본주의 문화는 욕망을 부추기고 있습니다. 공산주의는 인간의 욕망을 과소평가했기 때문에 무너졌습니다. 그런 점에서 욕망을 부추기는 것이 전적으로 잘못된 것일까요? 억눌린 욕망을 자연스럽게 발산시키는 길을 찾아 봅시다.

3. 교회는 겉으로 드러난 행위에 집중할 것이 아니라 마음의 문제를 잘 다루어야 합니다. 행위를 강조하는 시대에 어떻게 마음의 문제를 제기하고 표현할 수 있을까요? 불교의 마음수행과 기독교의 마음변화는 어떻게 다를까요?

참고 도서

게오르그 짐멜 지음, 김덕영 옮김, 『예술가들이 주조한 근대와 현대』, 길, 2007.
낸시 피어시 지음, 홍종락 옮김, 『세이빙 다빈치』, 복있는 사람, 2015.
문소영 지음, 『그림 속 경제학』, 이다미디어, 2014.
발터 니그 지음, 윤선아 옮김, 『마르크 샤갈』, 분도출판사, 2013.
발터 니그 지음, 윤선아 옮김, 『미켈란젤로』, 분도출판사, 2012.
발터 니그 지음, 윤선아 옮김, 『조르주 루오』, 분도출판사, 2012.
아르놀트 하우저 지음, 백낙청·염무웅 옮김, 『문학과 예술의 사회사 4』(개정판), 창작과 비평사, 1999.
오귀스트 로댕 지음, 김문수 편역, 『로댕의 예술론』, 돋을새김, 2011.
진중권 지음, 『진중권의 서양미술사- 후기모더니즘과 포스터모더니즘 편』, 휴머니스트, 2013.
한스 로크마크 지음, 김유리 옮김, 『현대 예술과 문화의 죽음』, IVP, 1993.